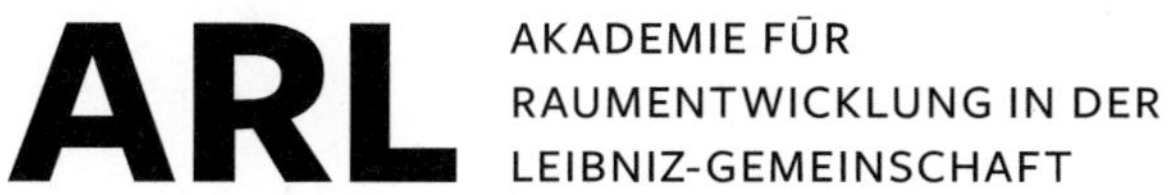

Forschungsberichte der ARL 17

Ludger Gailing, Petra Overwien, Matthias Plehn, Nadin Gaasch, Henry Lewerentz, Robert Riechel, Andrea Bues, Matthias Naumann, Jens Hoffmann

REGIONALE STEUERUNG DER ENERGIEWENDE IN NORDOSTDEUTSCHLAND

Innovationen im Planungssystem?

Hannover 2021

In den Veröffentlichungen der ARL legen wir großen Wert auf eine faire, gendergerechte Sprache. Als Grundlage für einen gendersensiblen Sprachgebrauch dient der *Leitfaden gendergerechte Sprache* in der ARL.

Die Beitragsentwürfe der Autorinnen und Autoren wurden in der Arbeitsgruppe „Regionale Steuerung der Energiewende in Nordostdeutschland“ der Landesarbeitsgemeinschaft Berlin/Brandenburg/Mecklenburg-Vorpommern mehrfach diskutiert (interne Qualitätssicherung). Das Manuskript wurde darüber hinaus einer wissenschaftlichen Begutachtung unterzogen (double-blind peer review) und nach Berücksichtigung der genannten Empfehlungen der Geschäftsstelle der ARL zur weiteren Bearbeitung und zur Veröffentlichung übergeben. Die wissenschaftliche Verantwortung für die Beiträge liegt bei den Autorinnen und Autoren.

Geschäftsstelle der ARL:
WR IV „Europäische und internationale Belange der räumlichen Entwicklung“
Dr.-Ing. Evelyn Gustedt (gustedt@arl-net.de)

Forschungsberichte der ARL 17

ISBN 978-3-88838-105-8 (PDF-Version)
ISSN 2196-0461 (PDF-Version)
Die PDF-Version ist unter shop.arl-net.de frei verfügbar (Open Access)

ISBN 978-3-88838-106-5(Print-Version)
ISSN 2196-0453 (Print-Version)
Druck: Books on Demand GmbH, 22848 Norderstedt

Verlag der ARL – Hannover 2021
Formales Lektorat: L. Keller
Sprachliches Lektorat: C. M. Hein
Satz und Layout: G. Rojahn, O. Rose

Zitierempfehlung für die Netzpublikation:
Gailing, Ludger; Overwien, Petra; Plehn, Matthias; Gaasch, Nadin; Lewerentz, Henry; Riechel, Robert; Bues, Andrea; Naumann, Matthias; Hoffmann, Jens (2021):
Regionale Steuerung der Energiewende in Nordostdeutschland – Innovationen im Planungssystem?
Hannover = Forschungsberichte der ARL 17.
URN: http://nbn-resolving.org/urn:nbn:de:0156-10583

ARL – Akademie für Raumentwicklung in der Leibniz-Gemeinschaft
Vahrenwalder Straße 247
30179 Hannover
Tel. +49 511 34842-0
Fax +49 511 34842-41
arl@arl-net.de
www.arl-net.de

MIX
Papier aus verantwortungsvollen Quellen
Paper from responsible sources
FSC® C105338

INHALT

1 Einleitung

Nordostdeutschland ist einer der räumlichen „Hotspots“ der deutschen Energiewende. Insbesondere im Bereich des Ausbaus der Windkraft an Land, aber auch bezogen auf andere Anlagen erneuerbarer Stromproduktion wurden insbesondere in den beiden Flächenländern Brandenburg und Mecklenburg-Vorpommern vielfältige Erfahrungen gesammelt und herausfordernde Praxisschritte in Regionalplanung und -entwicklung unternommen. Dank dieses reichen Erfahrungsschatzes sind in Nordostdeutschland Ex-post-Betrachtungen zur regionalen Steuerung der Energiewende möglich, von denen in anderen Bundesländern profitiert werden kann.

Aus diesem Anlass hat sich in den Jahren 2016 bis 2018 eine Arbeitsgruppe der Landesarbeitsgemeinschaft (LAG) Berlin/Brandenburg/Mecklenburg-Vorpommern der Akademie für Raumentwicklung in der Leibniz-Gemeinschaft (ARL) (vormals: Akademie für Raumforschung und Landesplanung) mit der regionalen Steuerung der Energiewende in Nordostdeutschland befasst und dabei insbesondere die Rolle der überörtlichen Planung thematisiert. Die Arbeitsgruppe wollte genauer erörtern, wie die erfolgreiche Entwicklung zu einem der räumlichen „Hotspots“ der deutschen Energiewende in den beiden nordostdeutschen Flächenländern erreicht werden konnte und welche Herausforderungen die Akteure der räumlichen Planung auf der regionalen Handlungsebene während der vergangenen Jahre meistern mussten – und gegenwärtig meistern.

Einige Forschungsprojekte haben sich in den vergangenen Jahren zu Recht mit den „Schattenseiten“ der veränderten Rolle der Landes- und Regionalplanung im Zuge der Energiewende befasst. Insbesondere der Ausbau der Windkraft an Land hat sich nicht nur als neues und dynamisches Aufgabenfeld, sondern zugleich als besonders konfliktreich erwiesen (Otto/Leibenath 2013; Bues/Gailing 2016; Eichenauer 2018). Die überörtliche räumliche Planung steht oftmals im Mittelpunkt intensiver Konflikte (Becker/Gailing/Naumann 2012; Becker/Naumann 2016; Bues 2018) um den Ausbau der Windkraft, dennoch hat sie unbestritten materielle Erfolge wie die räumliche Konzentration des Ausbaus der Nutzung der Windenergie auf wenige Raumausschnitte und das Freihalten weiter Landschaftsräume erreicht. Die „Ausbaukontroverse Windenergie“ (BBSR 2015) und die damit zusammenhängenden ausdifferenzierten rechtlichen Vorgaben und Rechtsprechungen (Bovet 2015) kennzeichnen zugleich einen Wandel im Handlungsfeld der Landes- und Regionalplanung, das einerseits zunehmend durch eine Verrechtlichung (BMVI 2016) und andererseits durch eine Politisierung gekennzeichnet ist, wenn sich die Planungsakteure im Mittelpunkt kontroverser öffentlicher Debatten wiederfinden. Regionalplanung wird oftmals als Konfliktfeld und die entsprechenden Regionen werden als Konfliktlandschaften wahrgenommen.

Ganz bewusst hat die Arbeitsgruppe primär eine andere Perspektive als jene der Konfliktforschung gewählt, um sich mit dem Ausbau der erneuerbaren Energien in Nordostdeutschland zu befassen. Die konfliktbehafteten Entwicklungen werden selbstverständlich nicht ausgeblendet, aber der Fokus wird gezielt auf den Umgang mit den vielfältigen Herausforderungen und auch auf die materiellen Ergebnisse der Planung gelenkt, die sich in einem relativen Entwicklungsvorsprung gegenüber den meisten anderen Bundesländern niederschlagen. Es wird gefragt, wie diese Erfolge möglich waren und ob hierbei neues Handeln, neue Instrumente und neue Ideen eine wichtige Grundlage waren. Forschungsleitend war mithin die Perspektive der Innovationsforschung, die danach fragt, ob und wie „Neues" entsteht. Von besonderem Interesse sind die planungspraktischen Innovationen, die im Handlungsfeld der überörtlichen Planung insbesondere auf der regionalen Handlungsebene im Zuge der Steuerung der Energiewende hervorgerufen wurden:

> Worin bestehen die Innovationen konkret?

> In welchen Praxisfeldern der regionalen Steuerung der Energiewende sind Innovationen festzustellen?

> Wurden sogar Innovationen für das Mehrebenen-System der gesamträumlichen Planung insgesamt erreicht?

Durch den Perspektivwechsel von der Konflikt- zur Innovationsforschung sollen die Problemlagen keinesfalls negiert werden. Sie stellen vielmehr einen wichtigen Hintergrund dar, ohne den das innovatorische Handeln der Akteure nicht zu verstehen ist. Bei der Auseinandersetzung mit planungswissenschaftlicher Literatur in der Innovationsforschung (Christmann/Ibert/Jessen et al. 2016) zeigte sich, dass die konkreten empirisch als „Innovationen" erfassten Phänomene jeweils ex ante von den Forschenden selbst definiert werden. Damit ist eine – freilich gut begründete – Fremdzuschreibung verbunden. Die Arbeitsgruppe hat einen anderen Zugang gewählt: Im Sinne des Innovationsverständnisses, „Neuheit als soziale Konstruktion" (ebd.) zu verstehen, besteht ein entscheidender forschungsstrategischer Vorteil der Arbeitsgruppe darin, dass die von uns befragten Akteure selbst einschätzen sollten, was sie unter Innovationen verstehen und inwieweit bestimmte Vorgehensweisen, Regelungen sowie thematische Setzungen aus ihrer Sicht Innovationen darstellen. Erst in zweiter Reihe, bei der Auswertung der empirischen Ergebnisse, zog die Arbeitsgruppe dann Kriterien heran, die in der Literatur gemeinhin für die Definition von Innovationen genannt werden. Dies sollte dann nicht dazu dienen, die generelle „soziale Konstruktion von Innovation" durch die Akteure im empirischen Feld infrage zu stellen, sondern bot wichtige Ansatzpunkte für die Diskussion der empirischen Ergebnisse.

Die übergeordnete Zielsetzung der Arbeitsgruppe bestand folglich darin, Innovationen im Planungssystem zu eruieren, die sich aus den praktischen Erfahrungen mit regionaler Steuerung der Energiewende im Nordostdeutschland der letzten Jahre ergeben haben. Unter dem Planungssystem verstehen wir das System der gesamträumlichen Planung, was sowohl formelle als auch informelle Instrumente und Handlungsformen umfasst; die Fachplanungen sind dabei nicht eingeschlossen, stellen aber wichtige Rahmenbedingungen dar. Der Arbeitsgruppe ging es explizit auch darum, die Leistungen der jeweiligen Akteure der Regionalplanung und -entwicklung ex post wertzuschätzen und in einen größeren planungspraktischen und planungstheoretischen Kontext einzuordnen. Es wurde angestrebt, praxisorientierte Aspekte im Feld der regionalen Steuerung der Energiewende und ihrer Planungsprozesse in den Blick zu nehmen. Hierzu sollten theoretische Debatten um Innovationen in der Planung aufgegriffen und zu den planungspraktischen Entwicklungen im LAG-Gebiet in Beziehung gesetzt werden.

Die Energiewende ist zwar eine nationale Aufgabe, sie kann aber nur lokal bzw. regional umgesetzt werden. Weil insbesondere der weitere Ausbau der Windkraft unverzichtbar für die Energiewende ist, kann eine regionalplanerische Steuerung dazu beitragen, eine räumliche Konzentration der neu zu errichtenden Anlagen zu erreichen und gesellschaftliche Akzeptanz zu sichern (BMVI 2016: 11). Für die künftige Entwicklung ist ein wertschätzender Blick zurück auf die Leistungen der Akteure der Regionalplanung und -entwicklung sinnvoll.

Die Arbeitsgruppe „Regionale Steuerung der Energiewende in Nordostdeutschland: Innovationen im Planungssystem?“ wurde von Dr. Ludger Gailing vom Leibniz-Institut für Raumbezogene Sozialforschung (IRS) in Kooperation mit Dr. Petra Overwien von der Gemeinsamen Landesplanungsabteilung Berlin-Brandenburg geleitet. Unterstützt wurden sie von der Geschäftsführerin der Arbeitsgruppe, Dr. Andrea Bues (zunächst IRS, später Sachverständigenrat für Umweltfragen). Die weiteren Mitglieder der Arbeitsgruppe arbeiten in unterschiedlichen Forschungs- und Praxisorganisationen in Nordostdeutschland: Nadin Gaasch am Leibniz-Zentrum für Agrarlandschaftsforschung (ZALF) bzw. später am Potsdam-Institut für Klimafolgenforschung (PIK) sowie an der Berlin University Alliance c/o Technische Universität Berlin, Dr. Jens Hoffmann an der Hochschule Neubrandenburg, Dr. Henry Lewerentz im Regionalen Planungsverband Westmecklenburg bzw. später im Landesamt für innere Verwaltung in Schwerin, Dr. Matthias Naumann an der Freien Universität Berlin bzw. später an der Technischen Universität Dresden, Matthias Plehn in der Geschäftsstelle des Planungsverbandes der Region Rostock sowie Robert Riechel am Deutschen Institut für Urbanistik (difu) in Berlin. Dieses Team aus Planungspraxis und Wissenschaft wurde von Dr. Evelyn Gustedt von der Geschäftsstelle der ARL begleitet und beraten.

Der Wert unserer Forschungsarbeit liegt insgesamt in einer Ex-post-Betrachtung der Steuerung der Energiewende im Nordosten Deutschlands, wobei dank des Teams aus Forschung und Praxis multiperspektivisch gearbeitet werden konnte. Konkrete Praxisperspektiven flossen über die entsprechenden Mitglieder der Arbeitsgruppe ebenso ein wie über den methodisch angeleiteten Dialog mit weiteren Planungspraktikerinnen und -praktikern. Gleichzeitig konnten wir mithilfe der Innovationsforschung eine neuartige Perspektive auf die planerische Praxis der Steuerung der Regionalplanung gewinnen.

Das Team der Autorinnen und Autoren weist darauf hin, dass es sich bei der planerischen Steuerung der Energiewende um ein Handlungsfeld handelt, das dynamisch ist; politische Rahmenbedingungen ändern sich, juristische Urteile werden gefällt und neue planerische Instrumente werden erprobt. Wir können daher davon ausgehen, dass manche unserer Erkenntnisse zum Zeitpunkt ihrer Veröffentlichung bereits von neuen gesellschaftlichen und politischen Realitäten „überholt“ worden sind.

2 Vorgehensweise und Methodik

Die Vorgehensweise der Arbeitsgruppe beruhte auf einem Forschungsdesign mit empirischem Schwerpunkt. Sie zeichnete sich durch die folgenden methodischen Arbeitsschritte aus, welche auch der Struktur des vorliegenden Forschungsberichts zugrunde liegen:

1 Die Arbeitsgruppe befasste sich zunächst in theoretischer Hinsicht mit dem Thema „Innovationen". Im Vordergrund standen der Stand der Innovationsforschung mit Bezug auf die räumliche Planung sowie relevante Definitionen und Konzepte für die Weiterarbeit in der Arbeitsgruppe. Hierzu fand im November 2016 der Workshop „Innovationen im Planungssystem – Was verstehen wir darunter?" in Erkner statt. Vortragende waren Prof. Dr. Oliver Ibert vom IRS, der bereits als Projektleiter an einem DFG-geförderten Forschungsprojekt zu Innovationen in der Planung beteiligt war, und Dr. Christian Eismann (inter 3 Institut für Ressourcenmanagement). Die Ergebnisse des Workshops wurden anschließend bei einer Sitzung der Arbeitsgruppe in Potsdam auf Fragestellungen für die Weiterarbeit untersucht. Anschließend wurde das methodische Vorgehen der folgenden Empirieschritte festgelegt und genauer untersetzt. In Kapitel 3 dieses Forschungsberichts wird der Zusammenhang zwischen Innovationsforschung und Planungswissenschaften vorgestellt.

2 Die Arbeitsgruppe befasste sich eingehend mit den Rahmenbedingungen der regionalen Steuerung in Bund und Ländern (siehe Kapitel 4). Dieser Arbeitsschritt beruhte in methodischer Hinsicht auf einer Dokumentenanalyse. Hierzu wurden Gesetze, Verordnungen, Richtlinien, Landtagsdokumente, Plandokumente, Gutachten, Forschungsberichte, Zeitschriftenartikel und Pressemitteilungen herangezogen und ausgewertet. Die Positionen und Perspektiven der Landesplanung in Mecklenburg-Vorpommern bzw. Berlin und Brandenburg wurden ergänzend durch Vorträge von Mitarbeitenden der Landesplanung (Dr. Petra Overwien von der Gemeinsamen Landesplanungsabteilung Berlin-Brandenburg im Herbst 2016 in Erkner und Ulrich Peters vom Ministerium für Energie, Infrastruktur und Digitalisierung Mecklenburg-Vorpommern im Herbst 2017 in Rostock) und anschließende Diskussionen in die Arbeitsgruppe einbezogen. Dank der Präsenz von Landes- und Regionalplanern/-planerinnen in der Arbeitsgruppe konnte zudem in erheblichem Maße profundes Erfahrungswissen aus der Planungspraxis mobilisiert werden und es konnten jederzeit auch aktuelle Entwicklungen in der Steuerung der Energiewende durch Bund und Länder aufgegriffen werden.

3 Im März und im September 2017 wurden in Rostock bzw. Müncheberg Fokusgruppen zur regionalen Handlungsebene durchgeführt und anschließend ausgewertet (siehe Kapitel 5). Dabei standen die verschiedenen inhaltlich relevanten Aspekte möglicher Innovationen im Zuge der regionalen Steuerung der Energiewende in Brandenburg und Mecklenburg-Vorpommern im Mittelpunkt. Hierzu gehören die Handlungsfelder, in denen Innovationen stattgefunden haben, spezifische Themen der Energiewende sowie Steuerungsinstrumente der handelnden Akteure.

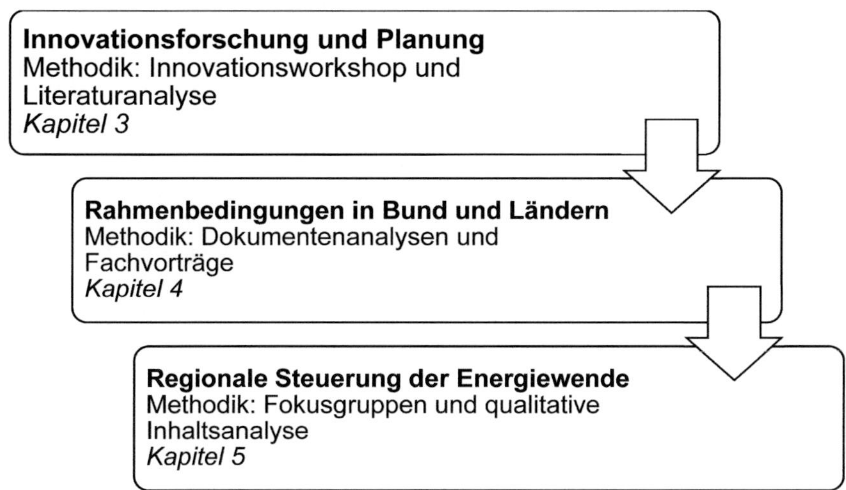

Abb. 1: Vorgehensweise der Arbeitsgruppe

Im Folgenden soll die sozialwissenschaftliche Methode der Fokusgruppe vorgestellt werden, da ihre Anwendung ein wesentliches Charakteristikum des methodisch-empirischen Vorgehens der Arbeitsgruppe darstellt. Wir diskutieren kurz ihre Vor- und Nachteile und stellen die bisherige Anwendung in der Energieforschung vor. Anschließend werden Vorbereitung, Durchführung und Auswertung der Fokusgruppen im Rahmen der Arbeit der LAG in Brandenburg und Mecklenburg-Vorpommern vorgestellt.

Fokusgruppen sind eine sozialwissenschaftliche Erhebungsmethode, deren Ursprünge in der Markt- und Meinungsforschung liegen (Liamputtong 2011: 4). Ziel der Methode ist es, Ergebnisse aus der Befragung und der Interaktion mehrerer Interviewpartner/innen zu generieren. Hierfür wird eine Gruppe von Teilnehmenden zu einer gemeinsamen Diskussion über ein festgelegtes Thema eingeladen. Die Teilnehmenden können entweder gemeinsame Erfahrungen teilen oder unterschiedliche Perspektiven auf einen Gegenstand haben. Üblicherweise wird von einer Anzahl zwischen fünf und zwölf Personen ausgegangen, womit eine Dauer von drei bis fünf Stunden für eine Fokusgruppe verbunden ist. Die Diskussion wird durch einen kurzen Input und die Fragen der Forschenden strukturiert.

Im Gegensatz zu Interviews geben in Fokusgruppen die Forschenden nur Impulse, während das eigentliche Gespräch dann von den Teilnehmenden untereinander selbst bestritten wird (Parker/Tritter 2006: 25 f.). Damit sind Herausforderungen an die Moderation verbunden, die sowohl mit dominierenden wie auch mit zurückhaltenden Teilnehmenden umgehen muss. Die Interaktion zwischen den Teilnehmenden nimmt somit auch in der Auswertung der Fokusgruppen einen hohen Stellenwert ein. In der empirischen Sozialforschung wird die Methode häufig für die Formulierung von Hypothesen in der explorativen Phase von Vorhaben angewendet (Bloor/Frankland/Thomas et al. 2001: 90). Anwendungsfelder von Fokusgruppen umfassen darüber hinaus Testverfahren, Akzeptanzanalysen, Konfliktschlichtung und Evaluierungen (Schulz 2012: 10 f.).

Nach Ansicht vieler Autorinnen/Autoren besteht vor allem in den „wertvollen gruppendynamischen Effekten" (ebd.: 13) von Fokusgruppen ein wichtiger Vorteil der Methode. Da es den Teilnehmenden möglich ist, unmittelbar aufeinander zu reagieren, können in Fokusgruppen Kontroversen und deren Dynamiken erfasst werden. Teilnehmende können zudem zwischen aktiver und passiver Teilnahme wechseln, es können umfangreichere Argumente als in Einzelinterviews zusammengetragen, kollektive Orientierungen rekonstruiert, neue Aspekte aufgedeckt und gemeinsame Ergebnisse im Gruppenprozess erarbeitet werden (ebd.: 12). Andere Autorinnen/Autoren heben Spontaneität und Flexibilität als weitere Stärken von Fokusgruppen hervor (z.B. Lamnek 2005: 83). Demgegenüber gibt es aber auch unerwünschte gruppendynamische Effekte, etwa dass weniger Redezeit für die einzelnen Teilnehmenden zur Verfügung steht (Schulz 2012: 13) oder dass hemmende Einflüsse der Gruppe auf die Äußerungen der Einzelnen möglich sind (Littig/Wallace 1997: 3). Weiterhin liegen als Ergebnis von Fokusgruppen erhebliche Datenmengen vor, deren Auswertung viel Zeit erfordert. Aufgrund des erheblichen organisatorischen Aufwands bei der Vorbereitung, Durchführung und Auswertung von Fokusgruppen ist die Methode nicht immer ressourcensparend und die inhaltliche Strukturierung durch die Forschenden schränkt die Mitwirkung der Teilnehmenden am Forschungsprozess deutlich ein (Gailing/Naumann 2018).

In der sozialwissenschaftlichen Energieforschung gibt es bereits eine Reihe von Beispielen für die Anwendung von Fokusgruppen. Hierbei nehmen Fragen der Akzeptanz von Technologien der Strom- und Wärmeerzeugung, etwa auf Basis erneuerbarer Energieträger, eine besondere Rolle ein (siehe z. B. Silk/Hurley/Pace et al. 2014). Fokusgruppen sind für die Energieforschung, insbesondere für aktuelle Fragen der deutschen Energiewende, eine besonders geeignete Methode. So können sie dazu beitragen, verschiedene Perspektiven offenzulegen, die etwa in zahlreichen Konflikten um die Nutzung erneuerbarer Energieträger artikuliert werden. Darüber hinaus können Fokusgruppen einen Erfahrungsaustausch und die praktische Vernetzung zwischen Akteuren anstoßen und unterstützen. Aus diesen Gründen haben wir Fokusgruppen als methodischen Zugang gewählt: Zum einen ging es uns darum, die verschiedenen Erfahrungen mit der regionalen Steuerung der Energiewende in Nordostdeutschland zusammenzutragen, zum anderen ging es uns sowohl um eine Vernetzung der Akteure untereinander als auch mit der raumwissenschaftlichen Forschung zum Thema.

Im Rahmen der Arbeitsgruppe führten wir zwei Fokusgruppen durch. Am 31. März 2017 nahmen in Rostock fünf Personen aus der Praxis der Regionalplanung und der energiebezogenen Regionalentwicklung an der von Nadin Gaasch und Dr. Matthias Naumann moderierten Fokusgruppe zu Mecklenburg-Vorpommern teil. Am 28. September 2017 diskutierten in Müncheberg vier in der Praxis der Regionalplanung bzw. des regionalen Energiemanagements Tätige die Situation in Brandenburg, moderiert von Nadin Gaasch, Dr. Ludger Gailing und Robert Riechel. Die Fokusgruppen orientierten sich jeweils an den folgenden Leitfragen:

> Was waren aus Ihrer Sicht die wichtigsten innovativen Veränderungen und Neuerungen in der regionalen Steuerung der Energiewende in den letzten 15 Jahren? Und warum finden Sie diese innovativ?

> Wann sind aus Ihrer Sicht Ansätze/Entwicklungen/Ideen als „innovativ" zu bewerten? Wie charakterisieren Sie die ausgewählten Innovationen?

> Wie schätzen Sie die Innovationsfähigkeit der Regionalplanung ein?

Für den ersten Leitfragenblock wurde eine moderierte Sammlung, Visualisierung, Klassifizierung und Reflektion von Ideen durchgeführt. Für den zweiten Leitfadenblock wurden einzelne Innovationen genauer betrachtet und diskutiert. Hierfür wurden auch Kriterien aus der Innovationsforschung (Auslöser der Innovation, raum-zeitliche Aspekte der Innovation, Akteure der Innovation, Diffusion, Wahrnehmung der Innovation) herangezogen. Der dritte Fragenblock diente schließlich dazu, den Blick wieder auf eine Gesamteinschätzung der Regionalplanung als möglicherweise innovatives Handlungsfeld zu lenken. Die Mitglieder der Arbeitsgruppe nahmen in den Fokusgruppen verschiedene Rollen ein. Während die Mitglieder aus der Forschung die Fokusgruppen jeweils moderierten, beteiligten sich einzelne Mitglieder aus der Regionalplanung als Teilnehmende.

Beide Fokusgruppen wurden aufgezeichnet und anschließend vollständig transkribiert. Die einzelnen Teilnehmenden wurden in der Auswertung anonymisiert. Die Auswertung des Materials erfolgte durch einzelne Mitglieder der Arbeitsgruppe in Anlehnung an die qualitative Inhaltsanalyse nach Mayring (2003). Dabei fand auch eine kommunikative Validierung durch diejenigen Mitglieder der Arbeitsgruppe statt, die in der Planungspraxis tätig sind und die Ergebnisse vor dem Hintergrund des eigenen Erfahrungswissens auf ihre Gültigkeit hin interpretieren können. Die Ergebnisse der Auswertung der beiden Fokusgruppen und ihrer innovationstheoretischen Interpretation werden in Kapitel 5 dargestellt. Kapitel 6 bietet abschließend ein theoretisch-konzeptionelles, methodisches sowie handlungsfeldbezogenes Fazit über die verschiedenen Kapitel hinweg.

3 Innovationen und räumliche Planung

Räumliche Planung ist als Handlungsfeld immer wieder neu herausgefordert. Räumliche Schrumpfungs- und Wachstumsphänomene, Migrationsbewegungen, der Klimawandel und seine Auswirkungen, Biodiversitätsverluste, veränderte Partizipationsbedürfnisse in der Gesellschaft, das Entstehen zivilgesellschaftlicher Bewegungen oder ökonomische Transformationsprozesse führen in der Regel zu der Notwendigkeit, räumliche Planung mit ihren Zielen, Aufgaben, Instrumenten und Methoden kontinuierlich anzupassen. Auch die raumbezogene Steuerung der Energiewende stellt ein solches Aufgabenfeld dar, das die räumliche Planung vor Herausforderungen gestellt hat und immer noch stellt. Weil sich räumliche Planung kontinuierlich neu „erfindet", indem sie einen proaktiven Umgang mit verschiedenen raumrelevanten Transformationsprozessen findet, muss sie auch innovationsbereit sein (Reimer/Getimis/Blotevogel 2014: 1). Vergangene Diskussionen um kooperative Planung (Selle 1994), den „communicative turn“ (Healey 1996) in der Raumplanung, strategische Planung (Wiechmann 2008) oder die Rolle der Planung bei der Bewältigung gesellschaftlicher Konflikte (Gualini 2015) im gesellschaftlichen Transformationsprozess stehen für diesen permanenten Wandel und Innovationsdruck.

Der permanente Wandel der räumlichen Planung in Deutschland ist sehr gut dokumentiert (vgl. u.a. Gnest 2008; Blotevogel/Danielzyk/Münter 2014). Ibert/Christmann/Jessen et al. (2015: 172) weisen jedoch darauf hin, dass grundlegende Veränderungen der Planung als Reaktionen auf veränderte Rahmenbedingungen interpretiert und als von außen induzierte Wandlungsprozesse charakterisiert werden. Wandel in der Planung kann dann nicht verstanden werden als proaktive und intendierte Veränderungen aus der Mitte der Profession oder des Politikfeldes der räumlichen Planung heraus. Es besteht wenig Wissen darüber, wie dieser Wandel bewältigt wird und welche Rolle institutionelle Rahmenbedingungen dabei spielen. Insbesondere die Auseinandersetzung mit Innovationen in der Raumplanung, als einem Treiber des Wandels, findet nur partiell statt; oftmals beziehen sich empirische Arbeiten auf projektbezogene, informelle Ansätze der Raumentwicklung (vgl. z.B. Vigar/Cowie/Healey 2014 für Großbritannien oder Ibert 2003 für Deutschland). Ursachen und Prozesse zur Veränderung formeller Instrumente der räumlichen Planung werden dagegen kaum betrachtet, obwohl sie zentral für die Profession und für die gesellschaftliche Legitimation des Handlungsfeldes sind.

Empirisch gestützte Aussagen zur Bedeutung von Innovationen in der räumlichen Planung können dazu beitragen, den Wandel der räumlichen Planung ex post zu beschreiben und zu verstehen sowie ex ante mögliche Potenziale für die strategische und instrumentelle Gestaltung des Wandels abzuleiten (Voß/Barth/Ebinger 2003: 83), die den aktuell vielfältigen Ansprüchen an die räumliche Entwicklung entsprechen. Im Folgenden soll dazu zunächst gefragt werden, was eigentlich unter „Innovationen“ zu verstehen ist (Kapitel 3.1), unter welchen Bedingungen man planerische Innovationen untersuchen kann (Kapitel 3.2) und welche Vorannahmen und Kriterien unsere Arbeitsgruppe aus der Beschäftigung mit der (planungsbezogenen) Innovationsforschung abgeleitet hat (Kapitel 3.3).

3.1 Was sind Innovationen?

Der Begriff „Innovation“ wird heutzutage fast inflationär gebraucht. Umgangssprachlich werden Produkte und Prozesse als innovativ bezeichnet, die für Fortschritt und Verbesserung stehen (Blättel-Mink 2006: 21). In der wissenschaftlichen Auseinandersetzung mit Innovationen gibt es eine schier unüberschaubare Masse an Publikationen, wobei der Innovationsbegriff je nach Kontext variiert. Eine Titelabfrage in der internationalen Publikationsdatenbank „Web of Science“ hat gezeigt, dass der Begriff „innovation“ hauptsächlich – mit über 67% der Publikationen – in den Wirtschafts- und Technologiewissenschaften Verwendung findet (vgl. auch Fagerberg/Verspagen 2009). Gesucht wurde nach dem Begriff „innovation“ im Titel wissenschaftlicher Artikel für den Zeitraum 1945 bis 2016 (Stand 13.12.2016). Insgesamt wurden 21.839 Artikel gefunden. Mit einem Anteil von knapp 3% an der Gesamtzahl der wissenschaftlichen Publikationen, die im Titel den Begriff „innovation“ enthalten, liegt der Bereich der Sozialwissenschaften auf Platz 12; die Geographie auf Platz 14. Entsprechend oft dominiert ein technologie- und wirtschaftsorientierter Innovationsbegriff. Bemerkenswerterweise sind allerdings Publikationen zum Thema „Öffentliche Verwaltung“ und „Recht“ mit insgesamt 12% vertreten, was bereits für die Offenheit des Innovationsbegriffs spricht.

Wenn in Wirtschaft und Gesellschaft Neuerungen hervorgebracht, übernommen oder erfolgreich genutzt werden, kann von Innovationen gesprochen werden. Innovationen bieten neuartige Problemlösungen, sodass die Bedürfnisse von Bürgerinnen/Bürgern und Gesellschaft befriedigt werden können (Europäische Kommission 2005). „Innovation ist die Entwicklung und Durchsetzung einer technischen, organisationalen, geschäftsbezogenen, institutionellen oder sozialen Problemlösung, die als grundlegend neu wahrgenommen, von relevanten Anwendern akzeptiert und von Innovatoren in der Erwartung eines Erfolgs betrieben wird“ (Clausen/Fichter/Winter 2011: 6). Diese Definition zeigt, dass Innovation kein eindeutig abgrenzbarer Gegenstand ist (Welsch 2005) und dass Innovationsforschung heute keinesfalls mehr auf technische oder ökonomische Innovationen beschränkt werden kann. Insbesondere die zunehmende analytische Auseinandersetzung mit sogenannten „sozialen Innovationen“ wird bereits seit Ende 1980er Jahre vertieft in der deutschsprachigen Innovationsforschung geführt (u.a. Zapf 1989; Anderson/Curtis/Wittig 2015; Rückert-John 2013). Soziale Innovationen sind „das Ergebnis intendierten und zielgerichteten Handelns zur Etablierung neuer sozialer Praktiken in bestimmten Handlungsfeldern“ (Howaldt/Schwarz 2010: 92), die „breit angenommen und angewendet und so praktisch wirksam werden“ (ebd.: 93.).

„Rein“ technische Innovationen wären dann Neuerungen in Form von Sachgütern bzw. materiellen Gütern, wobei oftmals ein „strenges“ Neuartigkeitskriterium formuliert wird: Die Innovation soll absolut neu sein und wird durch Markteintritt relevant. Soziale Innovationen als intentionale Neukonfigurationen sozialer Praktiken und Institutionen (Handlungsformen, Werte, Handlungsmuster, Normen, Gesetze etc.) werden dagegen durch ihre Verbreitung innovativ. Hier gilt lediglich ein relatives Neuartigkeitskriterium, denn Praktiken und Institutionen entwickeln sich in der Regel nicht in disruptiver Weise weiter. Absolut neue Praktiken und Institutionen sind selten (vgl. Gillwald 2000). Das dichotome Verhältnis zwischen technischen Innovationen einerseits und sozialen Innovationen andererseits hat einen eigenen Erklärungsgehalt, kann aber auch in der sozio-technischen Perspektive aufgehoben werden. Demnach erfolge Technikentwicklung und -anwendung stets in sozialer Einbettung (Howaldt/Kopp/Schwarz 2014: 18), sodass eine „unauflösliche Verknüpfung technischer mit sozialen Innovationen“ (ebd.) bestehe. Somit stellen Innovationen jeglicher Art immer einen sozialen Prozess dar. Entsprechend dieser integrierten Perspektive werden soziale Prozesse zum Knotenpunkt der Innovationsforschung – und stellen nicht mehr nur einen Bestandteil technischer Innovationen dar. Technische und soziale Innovationen bedingen einander.

Dabei stehen normative Perspektiven, die Innovationen stets als eine Verbesserung der Lebensbedingungen interpretieren (vgl. z.B. González/Healey 2005), solchen Ansätzen gegenüber, die eine analytische Sichtweise auf Innovationen einnehmen. Für solche analytischen Perspektiven sind weniger die Festlegung einer festen Definition von Innovation entscheidend, sondern die Beschäftigung mit ausgewählten Merkmalen von Innovationen (vgl. Gillwald 2000; Ibert/Christmann/Jessen et al. 2015):

> Es geht um eine Praxis oder ein Produkt, das als neuartig wahrgenommen wird, wobei zwischen „absoluter“ und „relativer“ Neuartigkeit unterschieden wird. Für die relative Neuartigkeit steht unter anderem auch die schöpferische Re-Kombination bereits vorhandener Elemente (Burnett 2009: 16 ff.; Howaldt/Schwarz 2010: 89). Entscheidend ist aber das Moment der Wahrnehmung „als“ Neuheit. „Innovation“ wird als Attribut erst nachträglich vergeben; sie ist das „Ergebnis eines ‚überraschenden‘ sozialen Urteils“ (Aderhold 2010: 118). Innovationen sind soziale Konstruktionen, und zwar in doppelter Hinsicht (Christmann/Ibert/Jessen et al. 2016: 280): „als Herstellung von etwas Andersartigem (...) und als die Wahrnehmung des Andersartigen als etwas ‚Neuartiges‘“.

> Innovationen sind intendiert, aber in der Regel nicht im Sinne planbarer Erfindungen: In der Literatur wird von „inszenierter Störung und gestörtem Zufall“ (Burnett 2009: 22) gesprochen, wobei dies voraussetzt, dass Raum für unerwartete Zufälligkeiten und zufällige Beobachtungen gegeben wird. Entsprechend wird unter „intendiert“ ein Suchprozess verstanden, der vorangetrieben wird, ohne das Ergebnis im Vorfeld definieren zu können. Dies zeigt die Prozesshaftigkeit von Innovationen.

> Innovationen brechen mit Gewohnheiten und Routinen und stellen „Altes“ (Praktiken, Institutionen, Techniken etc.) mit dem Ziel besserer Lösungen infrage.

> Innovationen haben sich verbreitet; sie haben sich durchgesetzt oder sind in einer bestimmten Teilöffentlichkeit Praxis geworden. Im besten Fall stellen sie einen Nutzen für einen Akteurskreis und/oder spezifische Zielgruppen dar und werden von diesen akzeptiert. Dabei können Innovationen auch zu veränderten Verhaltensweisen führen.

Diese Merkmale von Innovationen sind in ihrer Gesamtschau für die in diesem Forschungsbericht dokumentierten Analysen und Interpretationen bedeutsam.

3.2 Ist räumliche Planung innovativ?

Die Raumplanung erzeugt formelle handlungsleitende Regeln in Gesetzen und Raumordnungsplänen. Im Kern des Systems der räumlichen Planung stehen die politisch-administrativen Akteure mit Zuständigkeit für die räumliche Gesamtplanung. Planung folgt dabei einem kollektiven Akteursmodell, das die Arbeit sachkompetenter Expertinnen/Experten in staatlichen und kommunalen Behörden mit anderen Fachbehörden, politischen Entscheidungsträgern, Interessengruppen und Betroffenen in der weiteren Öffentlichkeit kombiniert (Gailing 2014; Reuter 2004). Können von einem so zu charakterisierenden Handlungsfeld Neuerungen erwartet werden?

In der Innovationsforschung spielen staatliche Akteure oftmals lediglich eine Rolle als Ermöglicher von Innovationen, die dann aber in der Regel in Unternehmen stattfinden (Asheim/Grillitsch/Trippl 2018: 48). Innovationen werden von Marktakteuren initiiert, umgesetzt und von diesen erwartet; der Staat kann aber als Innovator eingreifen, wenn die Marktakteure Unterstützung benötigen (Ibert 2009). Wenn staatliches Handeln – und damit die formelle Raumplanung – auf institutionellen Regeln und administrativen Routinen beruht, dann erscheint die Raumplanung in dieser Hinsicht als „unbegabt" für Innovationen oder sogar als innovationsfeindliches bürokratisches Organisationsmodell (Ibert 2005: 600). Institutionelle Regeln (d.h. Regeln, die allgemein anerkannt sind und mehr oder weniger verbindlich regelhaftes Handeln hervorbringen) und Verwaltung scheinen zunächst Gegensatzbegriffe zu innovativem Handeln zu sein. Staatliche und andere öffentlich-rechtliche Handlungsfelder zeichnet aus, Gesetzen und politischen Vorgaben folgen zu müssen sowie administrativen Regeln zu unterliegen. Wettbewerbsorientierung und Risikobereitschaft, die gemeinhin als Voraussetzungen für Innovationen gelten, sind damit nicht verbunden (Sørensen/Torfing 2011: 7). Der „undynamische" öffentliche Sektor steht dann diskursiv einem „dynamischen" privaten Sektor gegenüber. Diese Argumentation verdrängt, dass unternehmerisches Handeln keinesfalls immer innovativ sein kann, sondern gleichfalls auf institutionellen Regeln (Vertragstreue etc.) beruht, und dass zugleich staatliches Handeln sehr wohl Neuerungen hervorbringen kann. Dies gilt sicher für die informelle Seite des Planungssystems, also für Formen kooperativen, projektorientierten und/oder in Sonderorganisationen ausgelagerten Staatshandelns, welches ja gemeinhin als „innovativ" anerkannt ist (Ibert 2009; Matern 2017), insbesondere wenn es um Fälle eines experimentellen „planning of 'undefined becoming'" (Boelens/de Roo 2016) geht. Gilt es aber auch für die formelle Seite des Planungssystems, mithin für das institutionengebundene, rahmensetzende und zielorientierte Staatshandeln selbst?

Mit der Forschung zu „sozialen Innovationen" bietet sich eine Öffnung für solche Forschungsansätze, die auch innerhalb politisch-administrativer Systeme Neuerungen untersuchen. Zwar werden soziale Innovationen zunächst stärker in der Zivilgesellschaft verortet (Kropp 2017), also wiederum nicht per se in staatlichen Handlungsfeldern, dennoch bietet diese Forschungsperspektive Chancen: Es geht bei Neuerungen in der gesamträumlichen Planung mit ihrer Einbettung in staatliche Strukturen, ihrer Gesetzesgebundenheit und ihrem System von Zuständigkeiten sicherlich stets um relative Innovationen, um die Neukombination bekannter Elemente und um das Anknüpfen an das Bestehende. Zudem ist die Perspektive, Innovationen als sozial konstruiert aufzufassen, offen für verschiedene Handlungskontexte auch jenseits marktlichen oder zivilgesellschaftlichen Handelns. Forschungen zum innovativen Handeln öffentlicher Akteure haben in jüngster Zeit etwa Belege für kommunale Innovationen (Shearmur i.E.) herausgearbeitet.

Damit bot sich in unserer Arbeitsgruppe der Landesarbeitsgemeinschaft Berlin/Brandenburg/Mecklenburg-Vorpommern die Gelegenheit zu eruieren, inwieweit die gesamträumliche Planung in einem hochdynamischen Handlungsfeld wie der Energiewende lediglich als „Getriebener" externer Entwicklungen erscheint oder aber auch selbst proaktiv als „agent of social innovation" (Castells 1978: 88). Lassen sich hier Innovationen feststellen, die über reaktives Lernen hinausgehen? Hat die gesamträumliche Planung die Kraft zu Neuerungen oder nur zu Anpassungen? Sind in einem formalisierten Handlungskontext wie der gesamträumlichen Planung überhaupt Innovationen möglich? Mit dem hier vorgestellten methodischen Vorgehen können wir diese – für manche Innovationsforscher/innen provozierenden – Fragen nicht allumfassend beantworten, aber Impulse für eine größere Offenheit der künftigen Innovationsforschung für öffentlich-rechtliche, staatliche, institutionengebundene und/oder zielorientierte Innovationen setzen. Der Druck, sich als räumliche Planung nicht nur beharrlich und regelgebunden, sondern auch erfinderisch zu zeigen (Reimer/Getimis/Blotevogel 2014), spielt insbesondere im Umgang mit den Herausforderungen der Energiewende eine wichtige Rolle.

3.3 Vorannahmen und Kriterien für die Analyse von Innovationen in der räumlichen Planung

Vor diesem Hintergrund treffen wir folgende Vorannahmen:

Erstens gehen wir davon aus, dass durch die Befragung von Praktikerinnen/Praktikern im Handlungsfeld der regionalen Steuerung erneuerbarer Energien Innovationen erfasst werden können, die die Handelnden selbst als solche auffassen. Diese Selbstdefinition innovativen Handelns genügt zwar zunächst nicht gängigen Kategorien der Innovationsforschung, erfasst aber einen wesentlichen Aspekt der sozialen Konstruktion von Neuheit.

Zweitens nehmen wir an, dass es zahlreiche soziale Innovationen in dem von uns betrachteten Handlungsfeld gibt, deren Reichweite sich oftmals noch gar nicht abschätzen lässt und die (noch) regional basiert sind. Ohne diese neuen Praktiken oder Institutionen wären die Erfolge der letzten Jahre in der Ausgestaltung der Energiewende in den nordostdeutschen Bundesländern nicht möglich gewesen. Eine vertiefte Auseinandersetzung mit zeitlichen Verläufen und räumlichen Verbreitungen von Innovationen ist aber nicht Ziel dieser Arbeitsgruppe. Für die Arbeitsgruppe ist die Frage relevant, ob Brandenburg oder Mecklenburg-Vorpommern bzw. eine einzelne Region innerhalb dieser Bundesländer hinsichtlich der von uns betrachteten Innovationen jeweils ein „place of origin“ ist. Ob Innovationen, die aus Brandenburg oder Mecklenburg-Vorpommern stammen, in anderen Bundesländern bereits aufgenommen wurden, kann aber im Rahmen der Arbeitsgruppe nicht geklärt werden.

Drittens gehen wir mit Oliver Ibert (Vortrag 2017) davon aus, dass die Frage nach Innovationen im Planungssystem ein Erkenntnisinteresse an proaktiven Momenten bei der Durchsetzung von Neuem impliziert und dass dabei Aspekte des intendierten Handelns wichtiger als institutionelle Strukturen sind. Allerdings dürfte – dies zeigt jede Diskussion mit Praktikerinnen/Praktikern – eine solche Perspektive in einem stark von rechtlichen Regelungen und technischen Neuerungen geprägten Handlungsfeld wie der regionalen Steuerung der Energiewende nur die – sicherlich wesentliche – „eine Seite der Medaille“ sein. Politische und rechtliche Innovationen aber sind „die andere Seite der Medaille“ und bedürfen der Berücksichtigung in unserer Analyse. Innovationen im Planungssystem können auch regulative und institutionelle Phänomene

Kriterium	Erläuterungen
Auslöser / Treiber	> Beschreibung der Gründe / Auslöser für eine neue Idee > Beschreibung der Zielsetzung, die mit der Innovation verfolgt wird > Beschreibung der Treiber der Entwicklung
Zeit und Raum	> Beschreibung der zeitlichen Einordnung der Innovation / Einführungszeitpunkt der Innovation / Aussagen zur Innovationsphase > Beschreibung der räumlichen Verortung der Innovation / erstes Auftreten und vergleichbare Praktiken in anderen Regionen bzw. Bundesländern / Übernahme aus einer anderen Region bzw. einem anderen Bundesland
Akteure	> Erkenntnisse zu den Akteuren und Ideengebern im Innovationsprozess gewinnen > Erkenntnisse zu den Akteurskonstellationen (verschiedene Rollen) im Innovationsprozess gewinnen > Einschätzungen zur Wahrnehmung der Innovation bei verschiedenen Akteuren (Fürsprecher und Kritiker der Innovation und ihre Argumente) > Erkenntnisse zu Promotoren, Paten, aber auch Kritikern der Innovation
Neuigkeitswert und Bewertung der Innovation sowie ihres Verlaufs	> Beschreibung des Neuigkeitsgrades (im Handlungsfeld) / „Bruch“ mit dem Gewohnten bzw. abweichendes Verhalten > Absolute Innovation vs. Kombination aus bestehenden Praktiken und Institutionen (relative Innovation) > Wahrnehmung der neuen Praxis in der Gesellschaft (oder in Teilöffentlichkeiten) als Neuheit > Erkenntnisse, wie lange sich die Innovation gehalten hat (Qualität der Innovation als Planungspraxis) > Beschreibung der Durchsetzung der Innovation > Beschreibung des Veränderungsgrades (grundsätzliche oder geringe Auswirkungen auf die Planungspraxis), (radikale oder marginale Veränderungen), (Ad-hoc- oder inkrementelle Veränderungen) > Beschreibung der Qualität der Innovation für die Planungspraxis (normative Einschätzung hinsichtlich Verbesserungen, Erleichterungen, Erfolg)

Tab. 1: Kriterien der Analyse von Innovationen

wie Gesetze, Pläne, Planungsmethoden oder Verfahren umfassen. Innovationen in der räumlichen Planung sind gerade nicht „anti-institutionell“. Dies gilt sowohl für rechtliche Regelungen sowie landesplanerische und -politische Vorgaben mit innovativem Charakter („von oben“) als auch für das Handeln regionaler Akteure („von unten“).

Viertens halten wir fest, dass Innovationen zwar aus der Perspektive der Handelnden eine Verbesserung erbringen, aber nicht immer in allgemeingültiger Hinsicht normativ gut sind. Objektive Maßstäbe für „gut“ oder „schlecht“ können in einem gesellschaftlich umkämpften Handlungsfeld wie der räumlichen Gestaltung der Energiewende nicht definiert werden, sonst gäbe es z.B. keine zivilgesellschaftlichen Gegner des Ausbaus der Nutzung der Windenergie und keinen kommunalpolitischen Handlungsdruck. Die Arbeitsgruppe ist grundsätzlich offen für die Einschätzungen der im Handlungsfeld Agierenden hinsichtlich dessen, was diese selbst als innovativ auffassen.

Fünftens gehen wir davon aus, dass es bereits sinnvoll ist, Praktiken und Institutionen, die vor Ort als innovativ eingeschätzt werden, zu dokumentieren und sie auf diese Weise anderen Akteuren (z.B. in anderen Bundesländern) begreiflich zu machen.

Zentral für die Arbeitsgruppe war zwar zunächst, was von den Akteuren im Handlungsfeld selbst als Innovation eingeschätzt wird. Darüber hinaus interessiert aber auch, wie diese als Neuerungen eingeschätzten Praktiken und Institutionen im Hinblick auf bestimmte Kriterien von Neuigkeit eingeschätzt werden. Diese Kriterien werden in Tabelle 1 dokumentiert und erläutert. Sie wurden auch in den Fokusgruppen selbst zur Diskussion der jeweils genannten Neuerungen herangezogen und wurden für die Auswertung der Ergebnisse der Fokusgruppen genutzt.

Grundlegend haben wir in der Arbeitsgruppe drei Kategorien von Innovationen im Handlungsfeld der regionalen Steuerung der Energiewende herausgearbeitet:

> Innovationen im Planungssystem auf Landes-, Bundes- und EU-Ebene, differenziert nach a) Recht/Rechtsprechung, b) Verfahren und Prozessen, c) Instrumenten (Pläne, Konzepte) sowie d) Aufgaben und Organisation (Akteure und Kompetenzen). Hinzu kommen entsprechende Treiber von außerhalb des Planungssystems (wie das Erneuerbare-Energien-Gesetz und seine Novellen). All diese Innovationen stellen externe Rahmenbedingungen für die Akteure auf der regionalen Handlungsebene dar. Es handelt sich um soziale Innovationen.

> Innovationen auf der regionalen Handlungsebene: Hierbei kann es sich um eine ganze Vielfalt an sozialen oder sozio-technischen Innovationen handeln (z.B. regionale Energiekonzepte, Darstellungsformen im Regionalplan oder bestimmte Projekte, Beteiligungsformen, Visualisierungstechniken usw.)

> Technische Innovationen: Diese Innovationen stellen externe Rahmenbedingungen für die Akteure auf der regionalen Handlungsebene sowie auch für das Planungssystem auf Landes-, Bundes- und EU-Ebene dar. Ein Beispiel ist der substanzielle Anstieg von Leistung und Nabenhöhe von Windenergieanlagen.

Die in diesem Kapitel herausgearbeiteten Vorannahmen und Kategorien von Innovationen werden zur Interpretation der Ergebnisse herangezogen und im abschließenden Kapitel 6 kritisch diskutiert.

4 Das Handlungsfeld der regionalen Steuerung der Energiewende

4.1 Rahmenbedingungen Bund

Entscheidende Rahmenbedingungen für die regionale Steuerung der Energiewende in Deutschland werden auf der Bundesebene gesetzt. Dazu zählen zunächst die energiepolitischen Ziele, die langfristig in Deutschland angestrebt werden. Aus diesen Zielen resultieren erhebliche Flächenbedarfe für die Nutzung erneuerbarer Energiequellen. Zudem setzt der Bund wirtschaftliche Anreize für den Umbau des Energiesystems und steuert den großräumigen Ausbau des Energienetzes. Der Bund legt des Weiteren den Rechtsrahmen für die Raumplanung fest, den sowohl die Länder als auch die Gerichte ausgestalten. Initiativen für Änderungen des Rechtsrahmens auf Bundes- oder Landesebene können daher auch die Raumplanung beeinflussen. Für das Gelingen der Energiewende spielt nicht zuletzt die gesellschaftliche Akzeptanz der politischen Ziele und der konkreten Umsetzung vor Ort eine wichtige Rolle.

4.1.1 Energiepolitische Zielsetzungen

Das Abkommen von Paris 2015 gilt als Meilenstein für den Klimaschutz auf internationaler Ebene. Um dem Rechnung zu tragen, bestätigte das Europäische Parlament im Herbst 2018 ambitioniertere Ziele für den Klimaschutz und die Energiepolitik. Durch den Umbau des Energiesystems wollen die Mitgliedstaaten den Treibhausgasausstoß und damit die Erderwärmung verringern. Nach der Ende 2018 in Kraft getretenen Neufassung der „EU-Richtlinie zur Förderung der Nutzung von Energie aus erneuerbaren anstelle von fossilen Quellen" (Richtlinie 2009/38/EG) soll der Treibhausgasausstoß bis 2030 um mindestens 40% gegenüber 1990 sinken. Energie aus erneuerbaren Quellen soll im Jahr 2030 mindestens 32% des Bedarfs (Bruttoendenergieverbrauch) in der Europäischen Union decken; das bedeutet etwa eine Verdopplung gegenüber 2016. Die Mitgliedstaaten wurden aufgefordert, bis Ende 2019 integrierte nationale Energie- und Klimapläne vorzulegen, die nicht nur Ziele, Strategien und Maßnahmen für den Zeitraum von 2021 bis 2030, sondern auch längerfristige Perspektiven aufzeigen. Die Fortschreibung soll alle zehn Jahre erfolgen. Bis 2050 strebt die Europäische Union eine „emissionsarme" Wirtschaft an (AEE 2018; Europäisches Parlament 2018; Europäische Kommission 2018a; Europäische Kommission 2018b; BMWi 2019b: 42 f.).

In Deutschland legte die Bundesregierung mit dem „Energiekonzept für eine umweltschonende, zuverlässige und bezahlbare Energieversorgung" (BMWi/BMU 2010) von September 2010 sowohl die energiepolitische Ausrichtung als auch Maßnahmen zum Ausbau der erneuerbaren Energien, der Energienetze und der Energieeffizienz für den Zeitraum bis 2050 fest. Darin wurde unter anderem das Auslaufen der staatlichen Subventionen für die heimische Steinkohlengewinnung angekündigt, sodass Ende 2018 die letzte Zeche ihren Betrieb einstellte. Im Juni 2011 beschloss die Bundesregierung ergänzend dazu ein Energiepaket, das weitere Maßnahmen enthielt und die Umsetzung der Energiewende schneller vorantreiben sollte. Darin wurde unter anderem festgelegt, dass der Betrieb der Kernkraftwerke bis 2022 schrittweise beendet wird.

Zudem wird ein schrittweiser Ausstieg aus der Braunkohlenförderung und -verstromung bis 2038 erfolgen. Diese Entscheidungen beschleunigen die Energiewende in Deutschland, weil der Umbau des Energiesystems noch mehr forciert werden muss.

Um den Treibhausgasausstoß bis 2030 um mindestens 55% gegenüber 1990 zu verringern, soll der Anteil der erneuerbaren Energien am Bruttoendenergieverbrauch 60% bis 2050 betragen, bis 2030 gelten 30% als Zwischenziel. Der Anteil am Bruttostromverbrauch soll 2050 mindestens 80% erreichen; bis 2030 werden etwa 65% angestrebt, also etwa eine Verdopplung gegenüber 2016 (BMWi 2019b: 8 f.).

Auf europäischer wie auf nationaler Ebene gibt es sektorale Ziele für die Umsetzung der Energiewende. Die Europäische Union setzt auf sektorale Steigerungsziele für den Anteil erneuerbarer Energien bei Strom, Wärme/Kälte und Verkehr. In Deutschland gelten sektorale Minderungsziele für den Treibhausgasausstoß und eine Emissionsmengenbegrenzung (BMWi 2019b: 8 f. und 42 f.). Maßgeblichen Einfluss auf den Ausbau der erneuerbaren Energieträger nehmen Förderinstrumente, wie zum Beispiel das Erneuerbare-Energien-Gesetz (EEG) in Deutschland.

Um die neuen verbindlichen Ziele für den Klimaschutz und die Energiepolitik zu erfüllen, wird es in Deutschland nötig sein, sowohl den Ausbau der erneuerbaren Energieträger als auch den Ausbau der Leitungsnetze noch schneller voranzutreiben und beides besser miteinander zu synchronisieren. Zudem dürfte eine Koordination der Ziele, Strategien und Maßnahmen zwischen Bund und Ländern angezeigt sein. Da ein beide Ebenen übergreifender „Masterplan“ fehlt, gestalten Bund und Länder die Energiewende bislang eigenständig aus. Das führt durchaus zu unerwünschten Begleiterscheinungen, die eine Gegensteuerung erforderlich machen.

4.1.2 Flächenbedarfe und Ausbaustand

Der beschleunigte Umbau des Energiesystems führt zu einem schneller steigenden Flächenbedarf für die Nutzung, die Speicherung und den Transport erneuerbarer Energien. Wissenschaftlichen Studien zufolge scheint es dafür in Deutschland (noch) ausreichend Flächen zu geben. Das zeigen zum Beispiel Studien im Auftrag der Agentur für Erneuerbare Energien (AEE) und des World Wide Fund for Nature (WWF) zu den (Frei-)Flächenbedarfen für die Windenergie- und Photovoltaiknutzung in Deutschland bis 2030 bzw. bis 2050. Während sich aus der ersten Studie ein Bedarf für 2030 zwischen 1,2 und 1,8 % der Gesamtfläche Deutschlands errechnen lässt (AEE 2016: 10 und 18; eigene Berechnungen), kommt die zweite Studie für 2050 auf etwa 2,5%, wenn es bei dem aktuellen Energiemix bliebe; bei einem Fokus auf der Solarenergie sollen etwa 2,0% ausreichen (WWF Deutschland 2018: 88).

Zu den Flächenpotenzialen für die Windenergienutzung an Land liegen Studien des Umweltbundesamtes (UBA), des Bundesinstitutes für Bau-, Stadt- und Raumforschung (BBSR) und des WWF vor, die zu unterschiedlichen Ergebnissen kommen. Nach Ergebnissen des UBA kommen potenziell rund 13,8% der Gesamtfläche Deutschlands für die Windenergienutzung in Betracht. Die Studie von 2013 berücksichtigt insbesondere technische und auch manche ökologischen Restriktionen, aber zum Beispiel nicht den Artenschutz oder das Planungsrecht. Einkalkuliert wurden ferner Mindestabstände zwischen Windenergieanlagen und Wohnbauflächen von 600 Metern. Wird dieser Mindestabstand auf 1.000 Meter erhöht, verringert sich das Flächenpotenzial auf 5,6% (UBA 2013: 38).

Den Einfluss des Planungsrechts auf Flächenpotenziale hat erstmals das BBSR untersucht. Die Studie von 2015 berücksichtigt, dass die Regionalplanung die Windenergienutzung in einigen Ländern auf sogenannte Konzentrationszonen beschränkt. Das ermittelte Flächenpotenzial in Deutschland liegt mit 3,6% deutlich unter der Studie des UBA. Das BBSR hält selbst diesen Wert noch für überschätzt und weist ebenfalls auf den erheblichen Einfluss des einkalkulierten Mindestabstands von Windenergieanlagen zu Wohnbauflächen hin (Zaspel-Heisters 2015: 560 ff.).

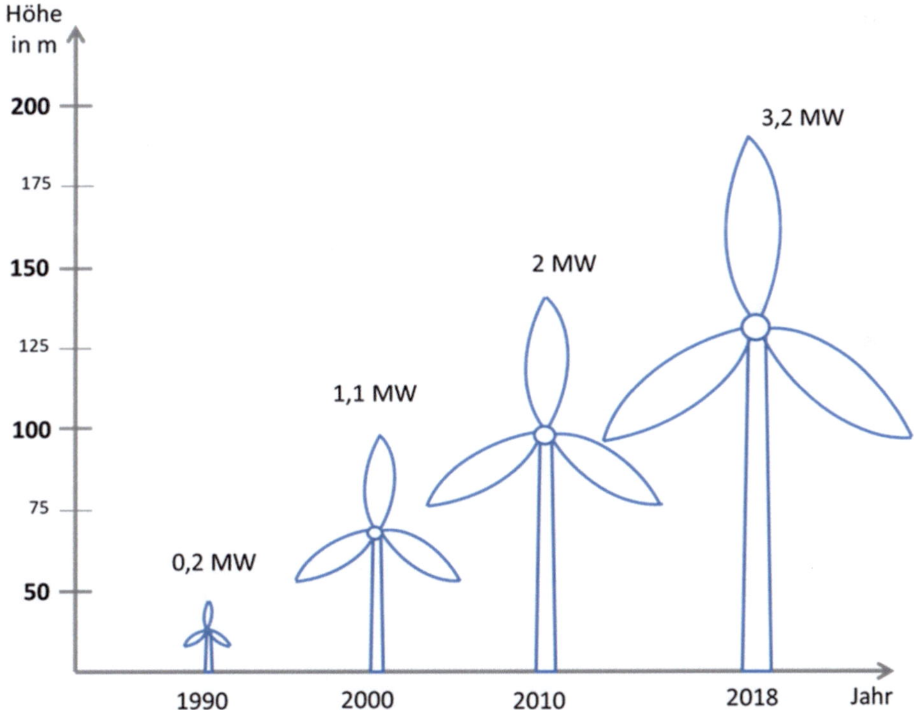

* Gesamthöhe = Nabenhöhe plus halber Rotordurchmesser

Abb. 2: Technologische Entwicklung von Windenergieanlagen / Quellen: eigene Berechnungen auf der Basis von Statista (2016) und BWE (2019); Entwurf und Grafik: Petra Overwien*

Die Potenzialflächen für Windenergie- und (Freiflächen-)Photovoltaikanlagen in Deutschland werden vom WWF mit etwa 5,1% beziffert (WWF 2018: 79 f.). Die Studie von 2018 geht davon aus, dass die Windenergienutzung an Land bis 2050 um den Faktor drei bis vier ausgebaut werden muss, um die energiepolitischen Ziele zur Deckung des Strombedarfs zu erreichen. Bis 2050 sollen dafür etwa 2,3% der Landesfläche in

Deutschland ausreichen; bei einem größeren Fokus auf der Photovoltaiknutzung sogar nur etwa 1,5%. Der Schwerpunkt des Ausbaus liegt in beiden Szenarien im Norden und Osten Deutschlands (WWF 2018: 88f). Für den Ausbau der Windenergienutzung an Land könnten allerdings „für den Zeitraum nach 2030 Situationen entstehen, in denen das restriktionsfreie Flächenpotenzial ausgeschöpft wird“ (WWF 2018: 139).

Ende 2018 gab es in Deutschland rund 29.000 Windenergieanlagen an Land, von denen sich rund 13% (gut 3.800) in Brandenburg und knapp 7% (gut 1.900) in Mecklenburg-Vorpommern befanden (Deutsche WindGuard 2019: 7; eigene Berechnungen). Die Leistung einer neuen Windenergieanlage erreichte im Durchschnitt 3,2 MW, die Nabenhöhe betrug im Durchschnitt 132 Meter. Aufgrund von technischen Neuerungen hat sich seit 2000 die Nabenhöhe fast verdoppelt (sog. „Höhensprung“) und die Leistung fast verdreifacht (siehe Abb. 2).

Ende 2018 betrug der Anteil der erneuerbaren Energien am Bruttoendenergieverbrauch knapp 17% und am Bruttostromverbrauch knapp 38% in Deutschland. Die installierte Leistung hat sich gegenüber 2000 auf knapp 120 GW verzehnfacht; davon stammt fast die Hälfte (53 GW) aus der Windenergienutzung an Land und mehr als ein Drittel (45 GW) aus der Photovoltaiknutzung (BMWi 2019a: 5 ff.). Bundesweit sind über 300.000 Menschen in dieser Wirtschaftsbranche tätig, dreimal mehr als 2000 (BMWi 2019b: 34 f.). Der Ausbau der Windenergienutzung trägt dazu in allen Ländern mindestens 30% bei. Im Norden und Osten, den räumlichen Schwerpunkten des Windenergieausbaus, liegt der Anteil der Beschäftigten höher als im Westen und Süden Deutschlands (Ulrich/Lehr 2018). Das zeigt zum einen die guten Fortschritte beim Umbau des Energiesystems und zum anderen die wachsende Bedeutung dieses Wirtschaftszweiges für den Arbeitsmarkt.

4.1.3 Steuerungsinstrumente des Bundes

Der Bund unterstützt den Umstieg auf erneuerbare Energiequellen durch erhebliche Anreize, die als Treiber für den Umbau des Energiesystems wirken. Seit 1991 stellt das Stromeinspeisungsgesetz eine bevorzugte Einspeisung von Energie aus erneuerbaren Quellen in das Stromnetz sicher, und von 2000 bis einschließlich 2016 garantierte das Erneuerbare-Energien-Gesetz (EEG) mit Inbetriebnahme der betreffenden Anlagen eine feste Einspeisevergütung für zwanzig Jahre.

Aus Sicht der Bundesregierung führte das zum Erfolg: „Die wachsende Bedeutung von erneuerbaren Energien im Strombereich ist wesentlich auf das EEG zurückzuführen. Seit der Einführung des EEG ist der Anteil der erneuerbaren Energien am Bruttostromverbrauch [...] von rund 6% im Jahr 2000 nach vorläufigen Angaben auf 31,5% im Jahr 2016 angestiegen“ (BMWi 2017; 2018 waren es 38% laut BMWi 2019a: 5). Der Bundesrechnungshof kam dagegen im Herbst 2018 zu dem Schluss, dass die Bundesregierung „mit ihrem Generationenprojekt der Energiewende zu scheitern“ drohe, weil der damit verbundene „enorme Aufwand und die starke Belastung der Bürger und der Wirtschaft“ im Missverhältnis zum bisherigen Erfolg ständen (Bundesrechnungshof 2018).

Das EEG hat also den Ausbau der erneuerbaren Energien im Stromsektor erfolgreich vorangetrieben. Durch das umlagebasierte Vergütungssystem ging das jedoch zu Lasten der Verbraucher, denn die Stromerzeuger, die zur Zahlung der EEG-Umlage verpflichtet sind, geben diese Kosten an die Stromkunden weiter. Das gilt auch dann, wenn Anlagen wegen fehlender Netzkapazitäten vorübergehend außer Betrieb genommen werden, weil es eine Einspeise- und Abnahmegarantie für die Stromerzeuger gibt.

Um die steigenden Strompreise zu dämpfen und den Ausbau des Leitungsnetzes besser mit dem Ausbau der erneuerbaren Energieanlagen zu synchronisieren, stellte der Bund das Vergütungssystem mit der (fünften) Änderung des EEG 2016 auf ein Wettbewerbsverfahren um. Seit 2017 finden Ausschreibungen statt, um die Einspeisevergütung marktwirtschaftlich zu ermitteln und auf einen Höchstbetrag zu begrenzen. Dabei gibt es für die einzelnen erneuerbaren Energieträger festgelegte Ausschreibungsmengen (BMWi 2019b: 27 ff.). Zudem gilt im Norden Deutschlands eine regionale Kappungsgrenze für den Ausbau der Windenergienutzung an Land, um dort die Einspeisemenge besser an die ausbaubedürftigen Leitungskapazitäten anzupassen. Mecklenburg-Vorpommern gehört zu diesem sogenannten Netzausbaugebiet, Brandenburg dagegen nicht (BNetzA 2017). Das könnte zu „Abwanderungseffekten" aus anderen Ländern, insbesondere aus Mecklenburg-Vorpommern, nach Brandenburg führen (Prognos AG 2017: 25).

2018 kam es bei der Windenergienutzung an Land nach mehreren Jahren mit starkem Zubau zu einem deutlichen Einbruch. Zurückgeführt wird das unter anderem darauf, dass an den EEG-Ausschreibungen nur noch Projekte teilnehmen dürfen, die eine Genehmigung nach dem Immissionsschutzgesetz des Bundes (BImSchG) besitzen (Deutsche WindGuard 2019: 3 ff.). Nach Einschätzung der Unternehmen wachsen die Hürden dafür, insbesondere um Umweltauflagen zu erfüllen. Außerdem gebe es immer mehr Klagen aus der Bevölkerung gegen erteilte Genehmigungen (vgl. FA Wind 2019).

Der Ausbau der Energieanlagen macht den Ausbau der Leitungsnetze erforderlich, weil die Schwerpunkte der Energieerzeugung im Norden und Osten, die Schwerpunkte des Energieverbrauchs dagegen im Westen und Süden Deutschlands liegen. Die Übertragungsnetze (rund 37.000 km) übernehmen den Stromtransport über große Entfernungen, die Verteilnetze (rund 1,7 Mio. km) stellen die Verbindung zum Endverbraucher her (BMWi 2018). Für die Planung, den Bau, den Betrieb und die Instandhaltung des Übertragungsnetzes sorgen in Deutschland vier Netzbetreiber.

Um den Netzausbau zu forcieren, wurden der Bundesnetzagentur, einer Fachbehörde des Bundes, 2011 wichtige Aufgaben übertragen. Die Bundesnetzagentur genehmigt den Szenariorahmen, in dem die Übertragungsnetzbetreiber die Perspektiven für die Netzplanung abschätzen. Auf dieser Basis stellen die Übertragungsnetzbetreiber dann Netzentwicklungspläne für den Ausbau und die Optimierung des Stromnetzes über einen Zeitraum von jeweils zehn Jahren auf, den die Bundesnetzagentur prüft und bestätigt. Die Netzentwicklungspläne sind die Grundlage für den gesetzlich festgelegten Bundesbedarfsplan, der mindestens alle vier Jahre fortgeschrieben wird und die Start- und Endpunkte für künftige Höchstspannungsleitungen festlegt. Für Höchstspannungsleitungen über mehrere Bundesländer oder über die Staatsgrenze hinweg ermittelt grundsätzlich die Bundesnetzagentur einen Trassenkorridor (Raumverträglichkeitsprüfung) und entscheidet auch über den endgültigen Trassenverlauf (Planfeststellung). Für andere Vorhaben des Bundesbedarfsplanes, die nur ein Bundesland betreffen, sind die Länder zuständig (BMWi 2018; BNetzA 2019). In diesem Fall prüfen die Raumordnungsbehörden die Raumverträglichkeit über ein Raumordnungsverfahren und die zuständigen Fachplanungsbehörden treffen die Planfeststellungsentscheidung. Das Ergebnis eines Raumordnungsverfahrens ist im Rahmen der Planfeststellungsentscheidung zu berücksichtigen, aber dafür nicht verbindlich (GL 2012a).

Damit die Energiewende gelingt, müssen nach Schätzung des Bundes über 7.500 km Leitungen optimiert, verstärkt oder neu gebaut werden. Davon waren Mitte 2018 allerdings erst 1.750 km genehmigt und 950 km realisiert. Mit dem „Aktionsplan Stromnetz“ beabsichtigt der Bund, die Bestandsnetze höher auszulasten und den Netzausbau zu beschleunigen. Das soll den Ausbau der erneuerbaren Energieanlagen mit dem Ausbau des Leitungsnetzes besser synchronisieren und die Kosten für die Stromverbraucher dämpfen (BMWi 2018). Mehrere Ausbauvorhaben für Höchstspannungsleitungen (380 Kilovolt) tangieren Brandenburg und Mecklenburg-Vorpommern. Eine Trasse verläuft über gut 200 km von Güstrow (Mecklenburg-Vorpommern) über Perleberg (Brandenburg) nach Wolmirstedt (Sachsen-Anhalt). Eine weitere verbindet Pasewalk (Mecklenburg-Vorpommern) über Bertikow mit Neuenhagen (Brandenburg). Eine Verbindung von Eisenhüttenstadt (Brandenburg) bis Pelwiska (Polen) ist ebenfalls geplant (Gellner 2018). Für den Abschnitt Bertikow-Pasewalk ist die Bundesnetzagentur zuständig, für alle anderen genannten Vorhaben sind es Landesbehörden.

4.1.4 Steuerung durch die Raumplanung

Die Energiewende braucht Raum (Gailing/Röhring 2015). Über die Raumplanung wird für einen mittelfristigen Zeitraum ein ausreichendes Flächenangebot für die Nutzung erneuerbarer Energien gesichert. Doch die Raumplanung leistet viel mehr als das, denn hier wird in einem geordneten und transparenten Verfahren ein öffentlicher Diskurs über wichtige Fragen der Energiewende geführt und ein gesellschaftlicher Konsens für die flächenbezogene Umsetzung hergestellt. Am Ende entscheiden demokratisch legitimierte Gremien darüber, wie die vielschichtigen Interessenkonflikte, die dabei zutage treten, gelöst werden. Damit bietet die Raumplanung eine wertvolle Plattform für die Klärung von elementaren Fragen des gesellschaftlichen Zusammenlebens.

Die Raumplanung zeichnet sich durch einen integrativen und fachübergreifenden Ansatz aus. Bund, Länder und Kommunen wirken hier in einem Mehrebenen-System zusammen (siehe Kap. 4.4). Dabei wird zwischen der überörtlichen Raumordnung (Bund und Länder) und der örtlichen Raumplanung (Kommunen) unterschieden. Die Raumordnung in den Ländern umfasst die Landesplanung einschließlich der Regionalplanung (vgl. Danielzyk/Münter 2018: 1932). Um die Energiewende mithilfe der Raumplanung raumverträglich auszugestalten, stehen sowohl formelle als auch informelle Instrumente zur Verfügung:

> Die Raumordnung koordiniert die Nutzung erneuerbarer Energien sowohl über Raumordnungspläne (formelle Planungsinstrumente) als auch Raumentwicklungskonzepte (informelle Planungsinstrumente) und Raumordnungsverfahren (vorhabenbezogene Prüfinstrumente).

> Den Kommunen stehen sowohl Bauleitpläne (formelle Planungsinstrumente) als auch Entwicklungskonzepte (informelle Planungsinstrumente) zur Verfügung, um die Energiewende ortskonkret auszugestalten.

Die entscheidenden planungsrechtlichen Weichen für den Ausbau erneuerbarer Energien an Land stellt der Bund im Baurecht. Nach dem 1997 novellierten Baugesetzbuch (§ 35 Absatz 3 Satz 3 BauGB) gilt für Bioenergieanlagen und Windenergieanlagen ein sogenanntes privilegiertes Baurecht, für (Freiflächen-)Photovoltaikanlagen dagegen nicht. Im Gegenzug wurde eine Steuerungsmöglichkeit für die Raumplanung eröffnet (sogenannter Planungsvorbehalt). Das bedeutet: Der Bau von Bioenergieanlagen und Windenergieanlagen ist außerhalb von Ortslagen (im sogenannten Außenbereich) grundsätzlich zulässig, wenn die Raumplanung und andere öffentliche Belange dem nicht entgegenstehen. Der Bau von (Freiflächen-)Photovoltaikanlagen ist dagegen außerhalb von Ortslagen grundsätzlich nicht möglich, sofern eine Kommune das nicht über eine entsprechende Bauleitplanung ermöglicht (vgl. FA Wind 2018a: 6 ff.).

Auf dieser Grundlage entscheiden die Länder, ob und wie Raumordnungspläne zum Einsatz kommen, um den Ausbau der erneuerbaren Energien an Land zu steuern. In mehreren Ländern, darunter auch in Brandenburg und Mecklenburg-Vorpommern, werden Raumordnungspläne auf regionaler Ebene erstellt, um Windenergieanlagen auf bestimmte Gebiete zu beschränken. Dabei handelt es sich um eine sogenannte Konzentrationszonenplanung. In diesem Fall binden die regionalen Raumordnungspläne nicht nur die Kommunen bei der Bauleitplanung, sondern auch die Fachbehörden bei der immissionsschutzrechtlichen Genehmigung von Windenergieanlagen. Sowohl in Brandenburg als auch in Mecklenburg-Vorpommern werden dafür Eignungsgebiete festgelegt. Außerhalb der Eignungsgebiete ist die Errichtung von Windenergieanlagen ausgeschlossen. Innerhalb der Eignungsgebiete können die Kommunen mithilfe der Bauleitplanung eine Feinsteuerung vornehmen, also zum Beispiel die Standorte von Windenergieanlagen festlegen. Für Bioenergieanlagen gibt es dagegen weder in Brandenburg noch in Mecklenburg-Vorpommern eine Konzentrationszonenplanung auf regionaler Ebene, weil dafür kein Erfordernis besteht.

Die Energiewende benötigt ein ausreichendes Flächenangebot für die Nutzung erneuerbarer Energien. Darauf kann die Raumplanung mehr oder weniger durchgreifend Einfluss nehmen. In Abhängigkeit davon, wie die Raumplanung auf regionaler und kommunaler Ebene ausgestaltet wird, ergeben sich unterschiedliche Voraussetzungen für die immissionsschutzrechtliche Genehmigung, die wiederum eine Voraussetzung für die energiewirtschaftliche Vergütung von Windenergieanlagen darstellt. Das

Zusammenspiel von Raumplanung, Genehmigung und Vergütung in verschiedenen Konstellationen stellt Abb. 3 am Beispiel der Windenergienutzung an Land in vereinfachter, schematischer Form dar.

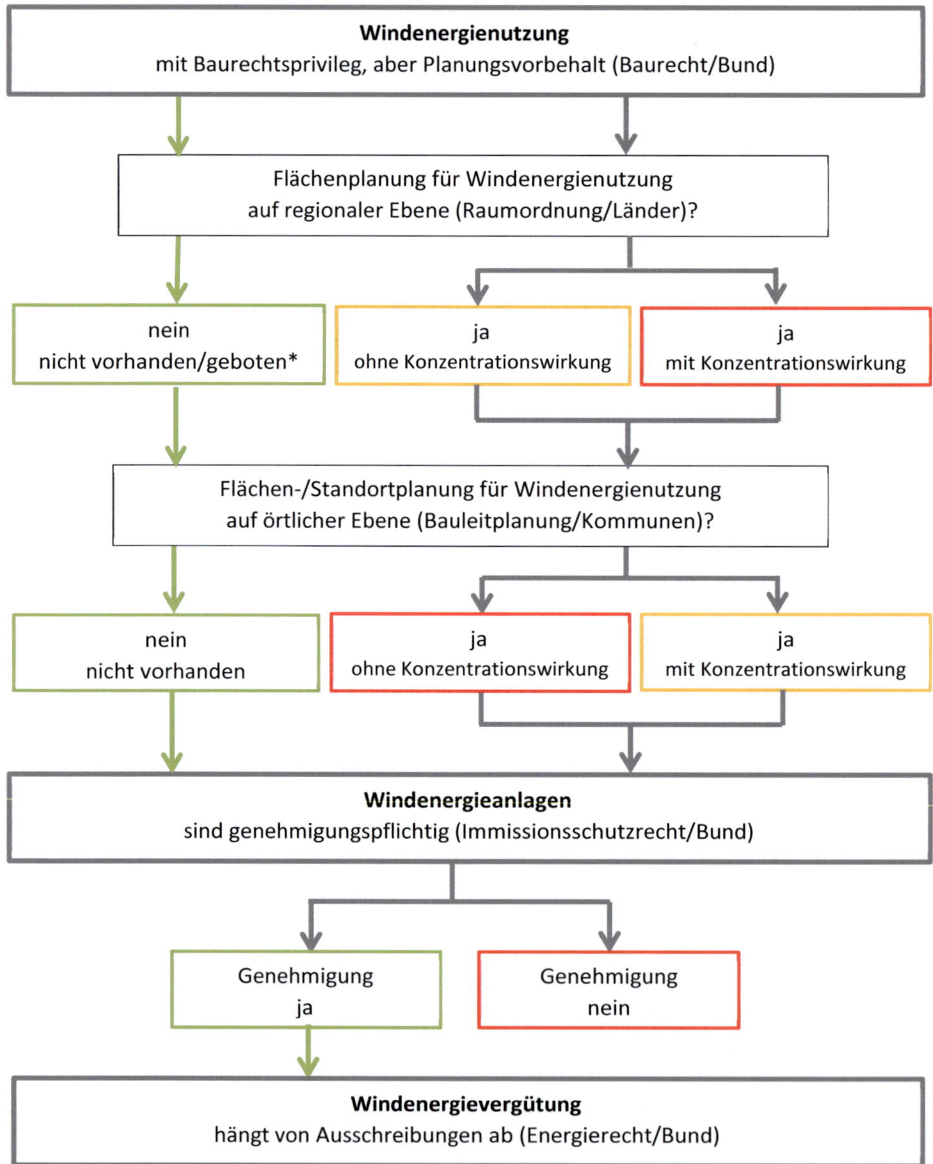

* nicht geboten: Die Stadtstaaten Berlin, Bremen und Hamburg und das Saarland sind nicht zu einer Regionalplanung verpflichtet (Raumordnungsrecht/Bund).

Abb. 3: Windenergienutzung an Land – Planung, Genehmigung und Vergütung / Quelle: eigene Darstellung; Entwurf und Grafik: Petra Overwien

Die Beteiligung der Kommunen und der Fachbehörden ist ein fester Bestandteil in der Raumordnungsplanung. 2004 wurde mit der strategischen Umweltprüfung zudem eine Beteiligung der Öffentlichkeit verpflichtend eingeführt. Erfahrungen aus der Planungspraxis zeigen, dass dieses Angebot rege genutzt wird, insbesondere dann, wenn es um die Steuerung der Windenergienutzung geht. Das kommt dem Planungsergeb-
Die Beteiligung der Kommunen und der Fachbehörden ist ein fester Bestandteil in der Raumordnungsplanung. 2004 wurde mit der strategischen Umweltprüfung zudem eine Beteiligung der Öffentlichkeit verpflichtend eingeführt. Erfahrungen aus der Planungspraxis zeigen, dass dieses Angebot rege genutzt wird, insbesondere dann, wenn es um die Steuerung der Windenergienutzung geht. Das kommt dem Planungsergebnis und dessen Akzeptanz durchaus zugute. Allerdings tragen Anzahl, Umfang und Tiefe der Stellungnahmen auch dazu bei, die Planungsverfahren zu verlängern (siehe Kapitel 4.2). Dabei werden aus der Bevölkerung viele grundsätzliche Fragen rund um die Energiewende thematisiert. Im Ergebnis „sieht sich die Regionalplanung überwiegend mit Themen konfrontiert, die sich ihrer Regelungskompetenz entziehen. Das führt zwangsläufig zur Ernüchterung am Ende eines Verfahrens, weil die Regionalplanung dafür keine Lösung anbieten kann und darf“ (Overwien/Groenewald 2015: 613 f.).

Außerdem zeigen sich in der Raumplanung gerade bei der Windenergienutzung gravierende Interessenunterschiede, die sich am Ende zwangsläufig nicht zur Zufriedenheit aller Beteiligten und Betroffenen auflösen lassen. Daher werden Interessenkonflikte immer öfter vor Gericht ausgetragen. Dann treffen sich zwei Gruppen auf der Klagebank, die dasselbe Ziel verfolgen, allerdings aus diametral entgegengesetzten Gründen: Beide Seiten wollen Raumordnungs- oder Bauleitpläne für unwirksam erklären lassen, doch dadurch will die eine mehr und die andere weniger Raum für die Nutzung der Windenergie erreichen (vgl. Overwien/Groenewald 2015: 613). Scheitern Raumordnungs- oder Bauleitpläne dann vor Gericht, geht ihre Steuerungswirkung verloren. Im Ergebnis betrifft das nicht nur die klagenden Gruppen, sondern die Allgemeinheit.

4.1.5 Einflüsse durch die Rechtsprechung

Für eine Konzentrationszonenplanung gelten nach der Rechtsprechung des Bundesverwaltungsgerichts besondere Anforderungen (vgl. BVerwG, Entscheidung vom 15.09.2009 – 4 BN 25.09), die das Oberverwaltungsgericht Berlin-Brandenburg in zwei wegweisenden Entscheidungen 2010 und 2011 am Beispiel der Windenergienutzung ausdifferenziert hat (Entscheidungen vom 15.09.2010 – 2 A 5.10 – und 24.02.2011 – 2 A 2.09). Das Bundesverwaltungsgericht hat diese Maßstäbe 2012 grundsätzlich bestätigt (Entscheidung vom 13.12.2012 – 4 CN 1.11). Diese Neuerung aus der Rechtsprechung hat gravierende Konsequenzen nicht nur für die Erarbeitung von Konzentrationszonenplanungen, sondern auch für deren Rechtswirksamkeit entfaltet (vgl. FA Wind 2018a; Overwien/Groenewald 2015).

Die Planung von Konzentrationszonen setzt demnach ein schlüssiges Planungskonzept für den gesamten Planungsraum voraus, das schrittweise erarbeitet wird (siehe Abb. 4). Im ersten Schritt geht es darum, pauschal jene Bereiche zu ermitteln, in denen eine Windenergienutzung aus tatsächlichen bzw. rechtlichen Gründen unmöglich ist (sog. „harte Tabuzonen“) oder nach dem Willen der Planungsträger ausgeschlossen sein soll (sog. „weiche Tabuzonen“). Im zweiten Schritt werden für die verbleibenden Flächen alle relevanten öffentlichen und privaten Interessen, die für bzw. gegen eine Windenergienutzung sprechen, ermittelt und gegeneinander abgewogen, um die Konzentrationszonen abzugrenzen. Im dritten Schritt muss schließlich nachgewiesen werden, dass substanziell Raum für die Windenergienutzung bleibt. Mit diesen methodischen Vorgaben wollen die Gerichte zum einen sicherstellen, dass die (baurechtlich privilegierte) Windenergienutzung im Ergebnis nicht verhindert wird. Zum anderen geht es darum, dass die Planungsverantwortlichen richtig erkennen, welche Planungskriterien ihrer Entscheidung (Abwägung) zugänglich sind und welche nicht.

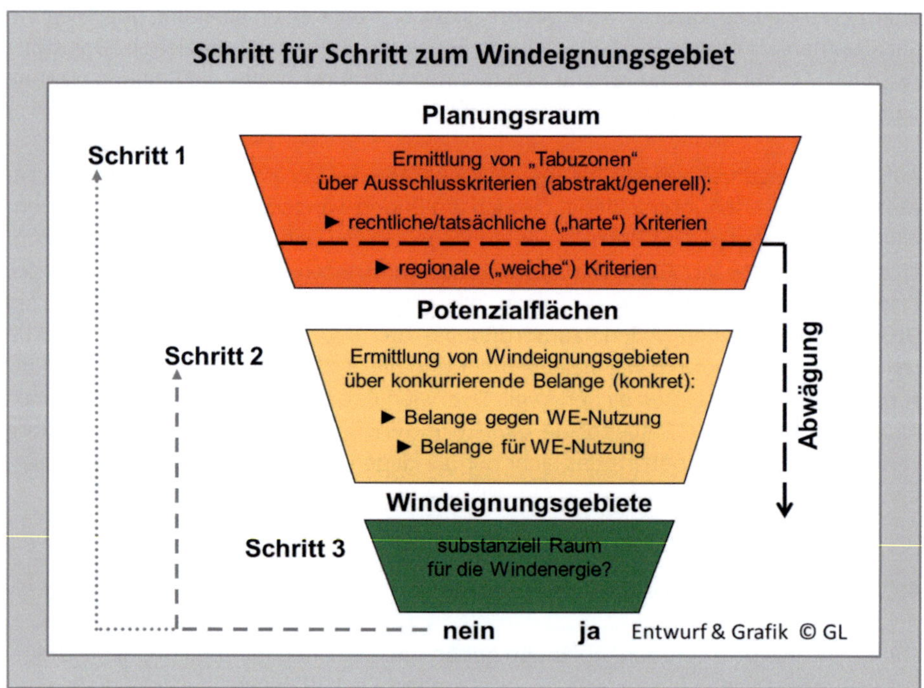

Abb. 4: Planungskonzept für Windeignungsgebiete / Quelle: Gemeinsame Landesplanungsabteilung Berlin-Brandenburg

Diese Anforderungen der Rechtsprechung zu erfüllen, erweist sich in der Planungspraxis als sehr anspruchsvolle Aufgabe, „weil vielfältige, komplexe Auswirkungen zu prüfen und zu beachten sind“ (FA Wind 2018a: 11). Insbesondere „harte“ und „weiche“ Tabuzonen voneinander zu unterscheiden, also eine Schlüsselfrage für die Konzentrationszonenplanung richtig zu beantworten, bereitet erhebliche Schwierigkeiten (ebd.). Daraus resultiert ein beträchtlicher Ermittlungsaufwand, der vor allem für die Raumordnung nicht angemessen erscheint. Erschwerend kommt hinzu, dass die Gerichte in den Ländern die Anforderungen immer weiter ausgestalten, ohne jedoch eine einheitliche Linie zu verfolgen, weil eine wegweisende Rechtsprechung auf Bundesebene fehlt (FA Wind 2018a: 12; siehe auch Nagel/Schwarz/Köppel 2014: 379 ff.). Dadurch erhöht sich nicht nur der Aufwand und die Dauer, sondern auch das Risiko für die Planung. Allerdings steigt auch die Qualität der Planung, weil sich deren Schlüssigkeit und Nachvollziehbarkeit verbessert. Dabei steht die Planungspraxis vor der Herausforderung, nicht nur aus der Rechtsprechung bereits bekannte Fehlerquellen zu vermeiden, sondern auch noch unbekannte Fehlerquellen vorauszuahnen.

4.1.6 Einflüsse durch Gesetzgebungsinitiativen

Gesellschaftliche Debatten rund um die Energiewende spiegeln sich auch in Gesetzesinitiativen auf Bundes- oder Länderebene wider. Solche Initiativen entfalten bereits eine Signalwirkung, wenn sie angekündigt werden, selbst wenn im Ergebnis alles beim Alten bleibt. Vor allem die Windenergie spielt in den politischen Diskursen immer wieder eine Rolle. Dabei geht es zum Beispiel um ausreichende Flächenangebote für die Windenergienutzung einerseits und um ausreichende Schutzabstände für die Wohnbevölkerung andererseits. Forderungen von Bürgerinitiativen, deutlich größere Mindestabstände vorzugeben, kollidieren hier mit Forderungen von Unternehmen, deutlich mehr Flächenangebote sicherzustellen. Das betrifft auch die Raumplanung, die nach besten Kräften versucht, gerade diese beiden widerstreitenden Anliegen so weit wie möglich in Einklang zu bringen.

Zum Beispiel starteten zwei Länder (Bayern und Sachsen) 2014 erfolgreich eine Initiative, die zu einer Änderung des Bundesrechts führte. Im Ergebnis räumte der Bund den Ländern im Baugesetzbuch (BauGB) vorübergehend die Option ein, Schutzabstände für die Wohnbevölkerung durch ein Landesgesetz festzulegen und so das privilegierte Baurecht für die Windenergienutzung außerhalb von Ortslagen einzuschränken (vgl. Overwien/Groenewald 2015: 614 f.). Davon hat nur Bayern Gebrauch gemacht; seitdem bleiben dort neue Anträge für die Genehmigung von Windenergieanlagen fast vollständig aus. 2018 regte Nordrhein-Westfalen an, diese – Ende 2015 ausgelaufene – Sonderregelung wieder einzuführen. Noch weiter geht eine Initiative, die Brandenburg zeitgleich mit dem Ziel startete, das privilegierte Baurecht für die Windenergienutzung ganz aufzuheben (Bundesrat 2018). Ob eine der beiden Initiativen die erforderliche Zustimmung in den anderen Ländern und im Bund erhält, bleibt abzuwarten.

4.1.7 Exkurs zur Akzeptanz

Repräsentative Umfragen kommen regelmäßig zu dem Ergebnis, dass es bundesweit für die Energiewende im Allgemeinen und den Ausbau der Windenergienutzung im Besonderen einen breiten gesellschaftlichen Konsens gibt. Einige Berichte deuten jedoch darauf hin, dass sich in Deutschland eine „Protestkultur“ entwickelt, organisiert und festigt.

Den Ausbau der erneuerbaren Energien in Deutschland befürworten über 80% der Bevölkerung (FA Wind 2018b: 5). Einer Mehrheit der Befragten geht das nicht schnell genug (BDEW 2016). Dabei gibt es bemerkenswerte regionale Unterschiede, wie das Institut für Demoskopie Allensbach feststellte: „So halten es 46% der Westdeutschen, aber nur 32% der Ostdeutschen für besonders wichtig, die Energiewende [...] voranzutreiben" (Köcher 2019). Außerdem verzeichnet eine repräsentative Langzeitstudie seit 2012 eine wachsende Unzufriedenheit mit der konkreten Umsetzung insbesondere in Ostdeutschland, dem „Schauplatz und Schaufenster" der Energiewende (Moschl 2019).

Eine Diskrepanz zwischen Nutzen und Lasten zeichnet sich vor allem hinsichtlich der Windenergienutzung ab, einer tragenden Säule der Energiewende. Grundsätzlich trifft auch die Windenergienutzung auf eine hohe Zustimmung. Umfragen stellen jedes Jahr erneut fest, dass gut die Hälfte der Befragten Windenergieanlagen in der Nachbarschaft positiv bewertet; bei den Befragten mit Vorerfahrung sind es sogar mehr als drei Viertel (FA Wind 2018b: 9). Vier Fünftel der Befragten stimmen dem Ausbau der Windenergienutzung an Land zu; ebenso viele finden, dass die Länder im Rahmen ihrer Möglichkeiten jeweils einen relevanten Beitrag dazu leisten sollten (FA Wind 2018b: 5 und 7). Auch dabei zeigen sich regionale Unterschiede: „Der geringste Zuspruch, mit je 48%, kam aus den neuen Ländern Brandenburg, Mecklenburg-Vorpommern und Sachsen-Anhalt. Die größte Ablehnung gegenüber Windenergieanlagen hingegen stammt mit 32% aus Berlin, wo zum Zeitpunkt der Befragung gerade einmal ein einziges Windrad in Betrieb war" (FA Wind 2018c).

Verzögerungen bei der Umsetzung der Energiewende werden unter anderem auf Proteste aus der Bevölkerung zurückgeführt (vgl. BDEW 2016). Unternehmen sehen sich nach eigenen Angaben mit einem zunehmenden Widerstand gegen den Ausbau der Windenergienutzung konfrontiert. Bundesweit soll es zwischen 500 und 1.000 Bürgerinitiativen gegen Windenergie geben. Die Initiativen sind mittlerweile gut vernetzt und tauschen sich darüber aus, wie man erfolgreich blockiert; der Austausch erleichtere es, aufwendige Einsprüche gegen Planungen oder Genehmigungen für Windenergieanlagen vorzubringen (vgl. Reusswig/Braun/Heger et al. 2016; Eichenauer 2018).

Drei zentrale Konfliktfelder lassen sich wie folgt umreißen (vgl. auch Becker/Bues/Naumann 2016 mit Beispielen aus Brandenburg):

> *Nutzungskonflikte* betreffen insbesondere die Abwägung von miteinander und untereinander kollidierenden Individual- und Gemeinwohlinteressen.

> *Verteilungskonflikte* betreffen insbesondere die Finanzierung der Energiewende durch die Beteiligung der Bevölkerung und der Kommunen an Kosten und Gewinnen.

> *Verfahrenskonflikte* betreffen insbesondere die Ausgestaltung von Mitwirkungs- und Mitentscheidungsrechten in Planungs- oder Genehmigungsverfahren.

Wie mehr Akzeptanz für die Windenergienutzung geschaffen werden kann, beschäftigt sowohl die Länder (siehe Kapitel 4.2 und 4.3) als auch den Bund. Erörtert wird unter anderem, ob sich Nutzungskonflikte durch Schutzabstände zu Wohnsiedlungen bzw. Höhenbegrenzungen für Windenergieanlagen, Verteilungskonflikte durch eine finanzielle Teilhabe von Kommunen bzw. Bürgern an der Wertschöpfung aus der Windenergienutzung und Verfahrenskonflikte durch mehr Mitwirkungsmöglichkeiten lösen lassen. Die Ergebnisse könnten in Gesetzesinitiativen münden, die sich auch auf die Raumplanung auswirken.

4.1.8 Schlussfolgerungen

Die Energiewende stellt einen gesamtgesellschaftlichen Transformationsprozess dar, der sich in technischen Neuerungen, institutionellem Wandel, sich über die Zeit verändernden Werthaltungen und gesellschaftlichen Positionen sowie veränderten Rollenverständnissen und Nutzungsmustern niederschlägt. Den Umbau des Energiesystems bis 2050 zu schaffen, bringt für die Gesellschaft enorme Herausforderungen mit sich. Noch fehlt ein strategischer „Masterplan" für die Koordination der Ziele und Maßnahmen von Bund und Ländern. Es sind sowohl erhebliche Fortschritte als auch Steuerungsdefizite beim Umbau des Energiesystems zu konstatieren. Innovationen in den Bereichen Technologie, Gesetzgebung, Rechtsprechung und Raumplanung wirkten einerseits bremsend und andererseits treibend darauf ein.

Für die Zukunft zeichnet sich ab, dass die Energiewende noch mehr Raum braucht. Doch mit den Flächenbedarfen wachsen auch die potenziellen Nutzungskonflikte. Einen gesellschaftlichen Konsens über den weiteren Ausbaupfad für die Nutzung erneuerbarer Energien zu erzielen, wird derzeit schwerer, was sich am Beispiel der kontrovers diskutierten Windenergienutzung zeigt; andererseits steigen die Handlungserfordernisse, den Ausstoß der Treibhausgase zu begrenzen. Hier wirkt die Raumplanung in bemerkenswerter Weise ausgleichend, stößt dabei jedoch auch an Grenzen, wie sich an den folgenden Länderberichten zeigt.

4.2 Rahmenbedingungen Brandenburg

4.2.1 Räumliche Voraussetzungen für die Energiewende

Für die Nutzung von erneuerbaren Energien verfügt Brandenburg grundsätzlich über günstige Voraussetzungen. Das Flächenland mit knapp 30.000 km² und rund 2,5 Mio. Einwohnern zeichnet sich durch eine geringe Bevölkerungsdichte aus (84 Einwohner pro km²), die im bundesweiten Vergleich nur in Mecklenburg-Vorpommern unterschritten wird. Dörfliche Siedlungsstrukturen prägen das Land. Mehr als die Hälfte der über 400 Gemeinden hat weniger als 2.000 Einwohner. Fast 50% der Landesfläche werden von der Landwirtschaft genutzt, davon etwa drei Viertel als Ackerland. Waldflächen nehmen 35% der Landesfläche ein, Wasserflächen weitere 3% (Amt für Statistik Berlin-Brandenburg 2017). Rund 42% der Landesfläche stehen unter Natur- oder Landschaftsschutz (MLUL o.J.). Nicht zuletzt deswegen zählt die Tourismuswirtschaft zu den stärksten Wirtschaftsbranchen des Landes.

Ähnlich wie in Mecklenburg-Vorpommern stellt sich deshalb auch in Brandenburg die Frage, wie unter diesen Rahmenbedingungen mehr erneuerbare Energien genutzt werden können. Die damit verbundene Dezentralisierung der Energieerzeugung verändert die Landschaft sichtbar. Das trifft vor allem auf Windenergieanlagen zu, gegen die sich in Brandenburg ca. 80 Bürgerinitiativen wenden (Jäger 2015). Den Schutz von Menschen, Tieren, Natur und Landschaft so gut wie möglich mit dem Ausbau der Windenergienutzung in Einklang zu bringen, stellt die Regionalplanung vor eine große Herausforderung.

4.2.2 Nutzung erneuerbarer Energiequellen

Ende 2018 gab es rund 3.800 Windenergieanlagen mit einer kumulierten Leistung von etwa 7 GW. Bei der Windenergienutzung bleibt Brandenburg damit im bundesweiten Vergleich in der Spitzengruppe (Platz 2; Deutsche WindGuard 2019: 7). Zusammen mit etwa 38.800 Photovoltaikanlagen mit etwa 3,7 GW kumulierter Leistung, ca. 500 Bioenergieanlagen und weiteren Erzeugungsquellen kann Brandenburg bundesweit die höchste installierte elektrische Leistung aus erneuerbaren Energien pro Einwohner vorweisen (LR BB 2019; MWE 2018c).

Der Bruttostromverbrauch in Brandenburg ließ sich 2015 bereits zu mehr als 65% aus erneuerbaren Energien decken (MWE 2015). Direkt und indirekt konnten so Arbeitsplätze für etwa 10.500 Beschäftigte (etwa genauso viele wie in der Braunkohle) gesichert werden. Von rund 700 Mio. Euro Wertschöpfung, die dadurch generiert werden konnten, entfielen fast zwei Drittel auf die Windenergie (Prognos AG 2017).

Der Ausbau der Windenergienutzung stellt in Brandenburg eine tragende Säule für die Energiewende dar. 1991 bis 1997 förderte das Land den Bau von mehr als 200 Windenergieanlagen mit über 52 Mio. DM (LR BB 1998: 3). Insgesamt entstanden bis 2000, also vor dem EEG (siehe Kapitel 4.1), gut 600 Windenergieanlagen (mit insg. ca. 0,4 GW). Bis 2005 stieg die Zahl auf rund 2.000 Anlagen an. In diesem Zeitraum trat die erste Generation der Regionalpläne in Kraft, mit denen die Windenergienutzung in Brandenburg räumlich begrenzt wird (Konzentrationszonenplanung). Danach verlangsamte sich der Zubau: 2010 wurden insgesamt fast 3.000 und 2015 rund 3.500 Anlagen gezählt (AEE 2019). Im Ergebnis hat sich die installierte Leistung im Zeitraum von 2000 bis 2010 (auf ca. 4,4 GW) verzehnfacht und von 2010 bis 2018 (auf ca. 7,1 GW) noch einmal fast verdoppelt.

4.2.3 Energiepolitische Zielsetzungen

Der ambitionierte Ausbau der erneuerbaren Energien brachte Brandenburg dreimal in Folge den „Leitstern“ der Agentur für Erneuerbare Energien ein (2008, 2010, 2012). Als Wegweiser dienten zunächst die „Leitentscheidungen zur Brandenburgischen Energiepolitik“ von 1992 und das „Energiekonzept für das Land Brandenburg“ von 1996 für den Zeithorizont bis 2010 (MWMT 1996). Mit der „Energiestrategie 2020“ von 2002, die 2008 aktualisiert wurde, und der „Energiestrategie 2030“ von 2012 formulierte die Landesregierung dann höhere und konkretere Ziele für den Zeithorizont bis 2020 bzw. 2030 (LR BB 2008a; 2008b; 2012). Bis 2030 sollen demnach mindestens 32% des Primärenergieverbrauchs und 40% des Endenergieverbrauchs über erneuerbare Energieträger gedeckt werden. Die Windenergienutzung soll dazu fast die Hälfte (10,5 GW installierte Leistung) beitragen.

Weil sich bei der Überprüfung der Energiestrategie 2020 schon abzeichnete, dass dieser Ausbaupfad nicht ohne Konflikte gangbar sein würde, setzt die Energiestrategie 2030 für das Gelingen der Energiewende auf mehr „Akzeptanz und Beteiligung“ durch Information, Dialog und Wertschöpfung (MWE 2012: 42 ff.; MWE 2018a: 23 f.). Neben der Windenergie spielte bisher die Bioenergie eine tragende Rolle bei der Energieerzeugung aus erneuerbaren Quellen. Im kommenden Jahrzehnt dürfte die Nutzung der Solarenergie in Brandenburg an Bedeutung gewinnen.

Ein Gutachten von 2017 beschreibt drei mögliche Zukunftsszenarien für die Energiewende bis 2030. Das Basisszenario geht von den Status-quo-Bedingungen aus. Um eine Kongruenz mit den nationalen und internationalen Klimaschutzzielen zu erreichen, wäre allerdings ein ambitionierteres Handeln erforderlich. Zum Beispiel müsste der Anteil der erneuerbaren Energien am Primärenergieverbrauch dann auf etwa 47% statt auf 32% bis 2030 ansteigen (Prognos AG 2017: 42, Tab. 5). Die Fortschreibung der Energiestrategie 2030 wird zeigen, welchen energiepolitischen Weg das Land Brandenburg zukünftig verfolgen will.

4.2.4 Organisation der Regionalplanung

Um die energiepolitischen Ziele zu erreichen, setzt das Land Brandenburg auch auf die Raumordnung. Fünf Regionale Planungsgemeinschaften (siehe Abb. 5), die kommunal verfasst sind, unterstützen die Umsetzung sowohl durch (formelle) regionale Raumordnungspläne als auch durch (informelle) regionale Energiekonzepte. Die regionalen Raumordnungspläne (Regionalpläne) werden von Geschäftsstellen (Regionalen Planungsstellen) erarbeitet und von demokratisch legitimierten Gremien (Regionalversammlungen) als Satzung beschlossen. Die Gemeinsame Landesplanungsabteilung Berlin-Brandenburg (GL), eine gemeinsame Behörde der Länder Berlin und Brandenburg, berät die Regionalen Planungsgemeinschaften und genehmigt die Regionalpläne. Die Windenergienutzung stand zwei Jahrzehnte im Fokus, denn hier steuern die Regionalpläne durchgreifend. Zusammenfassende Regionalpläne, die Festlegungen für die Siedlungs-, Freiraum- und Infrastrukturentwicklung enthalten, wurden bisher nur in einer Region aufgestellt. Das soll sich mit dem neuen Landesentwicklungsplan für die Hauptstadtregion Berlin und Brandenburg (LEP HR) ändern, der am 1. Juli 2019 in Kraft getreten ist.

4.2.5 Steuerung der Windenergienutzung

Der Ausbau der Windenergienutzung verlief in Brandenburg ähnlich wie in Mecklenburg-Vorpommern in drei Phasen (siehe Kapitel 4.3). Auch hier wird seit Ende der 1990er Jahre die Windenergienutzung räumlich konzentriert, denn Windenergieanlagen dürfen nur in sogenannten Eignungsgebieten entstehen, die in Regionalplänen festgelegt werden (LR BB 2000a; LR BB 2000b).

Abb. 5: Regionale Planungsgemeinschaften in Brandenburg / Quelle: Gemeinsame Landesplanungsabteilung Berlin-Brandenburg

Die Regionalpläne der ersten Generation traten zwischen 2001 und 2005 erstmals in Kraft. Die Auswahl der Windeignungsgebiete erfolgte nach weitgehend einheitlichen Kriterien. Dafür stellte die GL den Regionalen Planungsgemeinschaften ein Fachgutachten zur Verfügung. Für den Ausbau der Windenergienutzung wurden im Ergebnis insgesamt rund 1,25% der Landesfläche gesichert (ca. 370 ha). Der Anteil der Windeignungsgebiete betrug zwischen 1,0% und 1,8% an der jeweiligen Regionsfläche. Damit wurde ein Planungsauftrag aus dem Landesentwicklungsplan für den äußeren Entwicklungsraum (LEP GR) von 2004 umgesetzt: Basierend auf der Energiestrategie 2010 von 2002 sollte die Regionalplanung für die Windenergienutzung ein ausreichendes Flächenangebot, d.h. mindestens 1,3% der Landesfläche, in Eignungsgebieten bereitstellen (Grundsatz 3.1.14).

Überarbeitungsbedarf für diese Regionalpläne ergab sich aus mehreren Gründen, denn zwischen 2006 und 2012 änderten sich die Vorgaben der Landesplanung, der Energiepolitik und der Rechtsprechung grundlegend. Das beeinflusste die bereits angelaufene Fortschreibung der Regionalpläne in allen Regionen gravierend.

Die gemeinsame Landesplanung für Berlin und Brandenburg wurde ab 2005 neu ausgerichtet (vgl. GL 2009: 13 f.). Unter anderem wurden die Landesentwicklungspläne für den engeren Verflechtungsraum (LEP eV von 1998) und den äußeren Entwicklungsraum (LEP GR von 2004) durch den Landesentwicklungsplan für Berlin und Brandenburg (LEP B-B von 2009) abgelöst (siehe Abb. 6). Spezielle Vorgaben für erneuerbare Energien enthält dieser Plan nicht. Ein Freiraumverbund schützt jedoch rund ein Drittel des Planungsraumes vor der Inanspruchnahme durch raumbedeutsame bauliche Nutzungen, zu denen auch Windenergieanlagen zählen. Der neue Landesentwicklungsplan für die Hauptstadtregion Berlin-Brandenburg (LEP HR) sieht das ebenfalls vor. Außerdem beauftragt der LEP HR die Regionalplanung, Gebiete für die Windenergienutzung festzulegen, ohne dafür konkrete Kriterien vorzugeben.

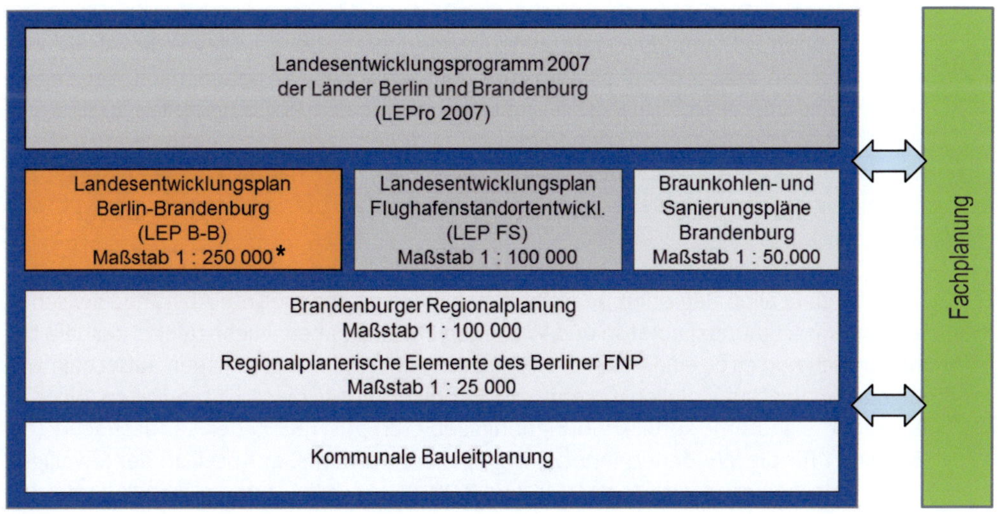

* abgelöst durch LEP HR (Maßstab 1 : 300.000) am 01.07.2019

Abb. 6: Planung in der Hauptstadtregion Berlin-Brandenburg / Quelle: Gemeinsame Landesplanungsabteilung Berlin-Brandenburg

Über die Energiestrategie 2020 erhielten die Regionalen Planungsgemeinschaften 2008 den Auftrag, 2 % der Landesfläche (ca. 555 km^2) für den Ausbau der Windenergienutzung bereitzustellen. Dieses Ziel bekräftigte die Landesregierung sowohl 2012 als auch 2018 (MWE 2012: 26 f.; MWE 2018a: 23 f.). Das bedeutete einen erheblichen Zuwachs gegenüber den damals bereits gesicherten Flächen. Die Landesregierung setzte auf die Regionalpläne als Steuerungsinstrument für die Windenergienutzung, um „den Ausgleich zwischen den verschiedenen Nutzungs- und Schutzinteressen durch ein geordnetes, alle Betroffenen einbeziehendes Verfahren herzustellen“ und verfolgte dabei eine Doppelstrategie (vgl. LR BB 2008a: 47): Einerseits wurde der Regionalplanung empfohlen, zu Lasten der Windenergienutzung größere Abstände zwischen Windeignungsgebieten und Wohngebieten (mindestens 1.000 Meter) vorzusehen (MIR 2009: 1227), andererseits wurden die Fachbehörden beauftragt, die naturschutz- und forstfachlichen Restriktionen zugunsten der Windenergienutzung zu überprüfen (vgl. LR BB 2009: 2 ff.). Überarbeitete Fachgrundlagen (Tierökologische Abstandskriterien, Waldfunktionskartierung) wurden 2010 bzw. 2011 veröffentlicht und 2018 aktualisiert.

Handlungsbedarf für die Regionalplanung ergab sich auch aus der Rechtsprechung. Entscheidungen des Oberverwaltungsgerichts Berlin-Brandenburg 2010 und 2011 zur Planung von Konzentrationszonen für die Windenergienutzung (siehe Kapitel 4.1), die bundesweit Wirkung entfalteten, führten unter anderem dazu, dass in Brandenburg ein Regionalplan der ersten Generation unwirksam wurde und ein Regionalplan der zweiten Generation nicht genehmigt werden konnte.

Damit stand die Regionalplanung in Brandenburg wieder am Anfang. In allen Regionen wurden laufende Planungsverfahren neu ausgerichtet oder neu gestartet. Als Grundgerüst für ein weitgehend einheitliches methodisches Vorgehen nach der neuen Rechtsprechung erarbeitete die GL mit den Regionalen Planungsstellen zügig erste Handlungsempfehlungen. In den Regionen, in denen nach Entscheidungen des Oberverwaltungsgerichtes keine Regionalpläne mehr wirkten, hat die GL die Planung bzw. Genehmigung von Windenergieanlagen im Einzelfall befristet untersagt (vgl. MIL 2010: 812).

2018 lagen in allen Regionen neue Regionalpläne vor, die größere Abstände zwischen neuen Windeignungsgebieten und Wohngebieten vorsahen. Nicht zuletzt deshalb befinden sich nun circa ein Drittel der vorhandenen Windenergieanlagen außerhalb von Eignungsgebieten. Folglich kommt ein Repowering an diesen Standorten nicht in Betracht. Insgesamt konnten in Eignungsgebieten gut 1,85 % der Landesfläche (ca. 550 km^2) für die Windenergienutzung gesichert werden. Der Anteil an der jeweiligen Regionsfläche betrug zwischen 1,5% und 2,2%. Eine wichtige neue Grundlage für den geordneten Ausbau der Windenergienutzung in Brandenburg war damit gegeben.

Bis 2030 reichen 2% der Landesfläche dafür absehbar aus. Danach dürfte der Flächenbedarf weiter steigen. Eine Schätzung geht davon aus, dass danach etwa 2,7 bis 3,6% der Landesfläche benötigt werden. Außerdem wird ab 2020 mit einem signifikanten Rückbau von Windenergieanlagen gerechnet, sodass zudem ein Rückgang der installierten Leistung kompensiert werden muss (Prognos AG 2017: 25 f., 28 f.). In vielen Fällen kommt ein Repowering am selben Standort jedoch nicht in Betracht. Damit zeichnet sich ab, dass mit fortschreitendem Ausbau der Windenergienutzung die Herausforderungen für eine planerische Steuerung weiter zunehmen werden.

4.2.6 Sonnen- und Bioenergie, Leitungsnetze

Für Bioenergieanlagen oder die Energiepflanzenproduktion erfolgt in Brandenburg keine Steuerung durch die Raumordnung. Freiflächen für große Photovoltaikanlagen können als Vorbehaltsgebiete in Regionalplänen gesichert werden, doch davon wurde in den Regionen mangels Bedarfs bisher kein Gebrauch gemacht. Im Auftrag des Landtages 2008 ließ die GL eine „Solarflächenanalyse" für Brandenburg erarbeiten (LT BB 2008; Günneweg et al. 2009). Der Mitte 2018 überarbeitete Maßnahmenkatalog für die Energiestrategie 2030 sieht eine Aktualisierung vor (MWE 2018a: 27).

Für Energienetze erarbeitet die Energiewirtschaft ihre Bedarfspläne im Austausch mit der Raumordnung. Seit 2011 lädt das Wirtschaftsministerium von Brandenburg regelmäßig zu informellen Fachgesprächen mit Beteiligten aus der Energiewirtschaft, Wissenschaft, aus Verbänden, Politik und Verwaltung ein. Hauptthemen sind der Netzausbau, die Flexibilisierung des Energiesystems, die Versorgungssicherheit und die Sektorenkopplung, aber auch Kommunikation und Bürgerbeteiligung. Konkret gelang es darüber zum Beispiel, den Ausbau der Verteilnetze besser zu koordinieren (vgl. MWE 2018a: 35). Die Raumverträglichkeit konkreter Infrastrukturvorhaben (z.B. Verteilerstationen, Leitungsabschnitte) prüft die GL anlassbezogen über Raumordnungsverfahren (siehe Kapitel 4.1).

4.2.7 Regionale Energiekonzepte

2009 startete die GL zusammen mit dem Wirtschafts- und Umweltministerium eine Initiative, um regionale Energiekonzepte in den Regionalen Planungsgemeinschaften erarbeiten zu lassen. Über das sogenannte RENplus-Programm des Wirtschaftsministeriums wurden diese Konzepte über drei Jahre mit insgesamt rund 1 Mio. Euro gefördert (MWE 2010). 2013 lagen erstmals flächendeckend und zeitgleich erstellte Energiekonzepte für alle Planungsregionen in einem Bundesland vor. Seitdem wird auch die Umsetzung der Konzepte vom Land gefördert. In jeder Regionalen Planungsstelle kümmert sich ein Energiemanager um diese Aufgabe (siehe Kapitel 5.1).

Um die Erarbeitung und die Umsetzung der regionalen Energiekonzepte in allen Regionen auf eine gemeinsame Basis zu stellen, entwickelten die drei beteiligten Ministerien 2010 und 2013 zwei Pflichtenhefte mit einheitlichen Arbeitspaketen. Alle regionalen Energiekonzepte beinhalten als Bausteine sowohl Bestandsaufnahmen (Energiebedarf und Einsparpotenziale, CO_2-Bilanzen), Szenarien und Leitbilder als auch Handlungsfelder und Instrumente. Einen besonderen Stellenwert nimmt die Kommunikation und Öffentlichkeitsarbeit ein. Die Energiemanager/innen setzen die Ergebnisse durch eine engagierte Projekt-, Beratungs- und Netzwerkarbeit um und unterstützen ein durchgängiges Monitoring der Energiestrategie des Landes. Eine kontinuierliche Zusammenarbeit zwischen Land und Regionen erfolgt seit 2010 über eine Steuerungsrunde unter der Leitung der Wirtschaftsförderungsgesellschaft des Landes Brandenburg (WFBB, früher Zukunftsagentur Brandenburg/ZAB). Aktuell besteht in allen Regionen Interesse daran, mit Fördermitteln des Landes sowohl die Energiekonzepte fortzuschreiben als auch das Energiemanagement fortzusetzen (vgl. MWE 2018a: 12).

Aus der Sicht des Landes stellen die regionalen Energiekonzepte „ein substanzielles Werkzeug dar, um die Umsetzung der Energiestrategie 2030 [...] zu begleiten und zu unterstützen“ (MWE 2018b). Die Regionalen Planungsgemeinschaften wurden bewusst ausgewählt, um als Dienstleister für das Land einerseits und die Kommunen andererseits zu fungieren. Ein Modellvorhaben der Raumordnung bestätigte, dass „regionale Energiekonzepte [...] ergänzend zu Regionalplänen eine gute Plattform [bieten], um einen breit angelegten Diskurs über die Energiewende zu führen“. Im Ergebnis gelang es so, die Regionalen Planungsgemeinschaften durch den Zugewinn an Kompetenzen zu stärken (BMVI 2015a: 20; BMVI 2015b: 45). Davon profitiert auch die Regionalplanung, die nicht nur aktuelle Datengrundlagen, sondern auch positiv besetzte Kommunikationspfade nach außen nutzen kann (siehe Kapitel 5.1).

4.2.8 Akzeptanz der Windenergienutzung – Akzeptanz der Regionalplanung

In Brandenburg gelang es in den letzten zwanzig Jahren, die Nutzung erneuerbarer Energien deutlich auszubauen. Wie der Landtag Mitte 2018 feststellte „treten jedoch auch zunehmend Akzeptanzprobleme auf, nicht zuletzt bei der Errichtung von Windenergieanlagen“ (LT BB 2018). Bereits 2015 zeigte eine Recherche, dass es im Land Brandenburg ca. 80 Bürgerinitiativen gibt (Jäger 2015), die sich vernetzen und sich gegen den Ausbau der Windenergienutzung wenden. Dabei geraten auch die Regionalpläne in den Fokus der gesellschaftlichen Debatte rund um die Energiewende. Die Themenfelder, denen sich Einwände gegen die Windenergienutzung zuordnen lassen, sind vielfältig. Sie betreffen die Gefährdung der Menschen, des Bodens, des Wassers, von Klima und Atmosphäre, des Landschaftsbilds, der biologischen Vielfalt sowie von Kultur- und Sachgütern, beziehen sich aber auch auf wirtschaftliche Schäden, allgemeine Energiepolitik und Artenschutz (Overwien/Groenewald 2015).

Um viele Bevölkerungsgruppen anzusprechen, setzen Bürgerinitiativen auf plakative Botschaften. So skizzieren sie ein bedrohliches Szenario, das über den Kreis der tatsächlich Betroffenen hinaus Solidarität und Unterstützung für ihr Anliegen erzeugen soll. Angegriffen werden auch die Regionalpläne, obwohl diese genau das bewirken, wofür sich die Bürgerinitiativen einsetzen: Die Windenergienutzung wird auf Eignungsgebiete und damit auf ein Minimum der Landesfläche beschränkt, um Lebensräume für Menschen, Flora und Fauna zu schützen.

Die Kritiker der Windenergienutzung lassen sich verschiedenen Gruppen zuordnen. Abgesehen von Bürgerinitiativen handelt es sich um Menschen, die sich aus unterschiedlichen Gründen betroffen fühlen. Gegen Windenergieanlagen kommen nicht nur Proteste von Alteingesessenen und Zugezogenen aus den jeweiligen Standortgemeinden, sondern auch von Auswärtigen (z. B. aus Berlin, siehe Kapitel 4.1). Das betrifft besonders Planungen für Windenergieanlagen in Wäldern.

Dabei handelt es sich um eine Minderheit in der Bevölkerung, wie unter anderem zwei „Volksinitiativen gegen die Massenbebauung Brandenburgs mit Windenergieanlagen“ von 2009 und 2015 zeigten. Bürgerinitiativen wandten sich damit gegen den „Bau von Windrädern in Wäldern und Schutzgebieten“ und forderten außerdem größere Mindestabstände zu Wohngebieten. Beide Initiativen scheiterten, weil es dafür keine ausreichende Unterstützung in der Bevölkerung gab (LT BB 2009; LT BB 2015).

Doch nicht nur aus der Bevölkerung kommen Bedenken gegen die Windenergienutzung, sondern auch aus Fachbehörden. Gravierende Hindernisse ergeben sich vor allem aus dem Arten-, Natur- und Landschaftsschutz, aber auch aus dem Betrieb von Radaranlagen für den Luftverkehr oder den Wetterdienst. Die Regionalplanung benötigt daher die Unterstützung der Fachplanung, um geeignete Gebiete für die Windenergienutzung zu ermitteln. Die Perspektiven beider Partner sind allerdings grundverschieden. Stark vereinfacht formuliert gilt für die Fachbehörden die aus dem Fachrecht stammende Prämisse: Windenergienutzung ist generell verboten und nur im Ausnahmefall erlaubt. Für die Regionalplanung gilt dagegen die aus dem Baurecht stammende Prämisse: Windenergienutzung ist generell erlaubt und nur im Ausnahmefall verboten.

Hier muss die Regionalplanung sorgsam entscheiden, wie diesen Fachbelangen bei einer Konzentrationszonenplanung angemessen Rechnung getragen werden kann (siehe Kap. 4.1). Die Maximalforderungen der Fachplanung aufzugreifen würde bedeuten, große Teilräume pauschal für die Windenergie zu sperren. Das birgt die Gefahr, dass am Ende nicht genug Raum für diese baurechtlich privilegierte Nutzung bleibt, zumal auch von anderer Seite, zum Beispiel von Anwohnerinnen/Anwohnern, weitere pauschale Abstandsforderungen geltend gemacht werden. Als Alternative bleibt eine aufwendige Prüfung der konkret für oder gegen ein Eignungsgebiet sprechenden Belange. Deswegen stellt die Zusammenarbeit zwischen Fachplanung und Regionalplanung im Rahmen einer Konzentrationszonenplanung eine Herausforderung dar. Dies gilt umso mehr, weil es in der Rechtsprechung keine einheitliche Auffassung dazu gibt, wie die Regionalplanung die Fachbelange – unter Wahrung der Prämissen auf beiden Seiten – angemessen abbilden kann. Das betrifft sowohl die Prüfung von Fachbelangen im Einzelnen als auch die Einordnung von Fachbelangen in das Planungskonzept im Allgemeinen (siehe Kapitel 4.1).

Eine weitere Herausforderung stellt das effektive Verfahrensmanagement dar. In der Regel wird ein Regionalplanentwurf, der Windeignungsgebiete beinhaltet, im Rahmen des vorgeschriebenen Beteiligungsverfahrens dreimal öffentlich ausgelegt. Die Vorbereitung, Durchführung und Auswertung jeder Auslegung benötigt etwa ein Jahr. Die eingehenden Stellungnahmen sind nicht nur zahlreicher, sondern auch umfangreicher und detailreicher geworden (siehe Abb. 7). Im Ergebnis sind die Planungsverfahren deutlich aufwendiger geworden. Unter anderem um dem Rechnung zu tragen, hat das Land Brandenburg die Finanzmittel für die Regionalen Planungsgemeinschaften in den letzten zehn Jahren schrittweise verdoppelt.

In den Stellungnahmen zu Regionalplanentwürfen spiegelt sich das Spannungsfeld der Interessen für und gegen den Ausbau der Windenergienutzung wider. In einer Region standen Forderungen, die Fläche für die Windenergie zu verdreifachen, Forderungen gegenüber, die Fläche für die Windenergie zu halbieren (ausführlicher Overwien/Groenewald 2015: 612 ff.). Das stellt die Regionalplanung, die auf einen Interessenausgleich abzielt, ebenfalls vor eine Herausforderung (siehe Abb. 8). Am Ende kann sich weder die eine noch die andere Extremposition durchsetzen, denn beide wären nicht tragfähig und folglich auch nicht mehrheitsfähig. Scheitern Regionalpläne dann vor Gericht, wird ein mühsam errungener Kompromiss aufgekündigt. Das fördert nicht nur Vorbehalte gegen die Regionalplanung im Allgemeinen und gegen die Windenergienutzung im Besonderen, sondern kann auch zu einem Vertrauensverlust gegenüber staatlichen Einrichtungen und demokratischen Willensbildungsprozessen beitragen. Dies gilt insbesondere dann, wenn die Regionalplanung wiederholt an den Anforderungen der Rechtsprechung scheitert.

Regionalplan Havelland-Fläming 2020 – 5.800 Stellungnahmen aus der Öffentlichkeit, insbesondere zu Windeignungsgebieten

Abb. 7: Stellungnahmen zu Regionalplänen / Quelle: Regionale Planungsgemeinschaft Havelland-Fläming (2020); Foto: © Lutz Klauber (Regionale Planungsgemeinschaft Havelland-Fläming)

Abb. 8: Regionalplanung als Instrument der Konfliktlösung / Quelle: Gemeinsame Landesplanungsabteilung Berlin-Brandenburg (GL 2012b: 26)

Um in Brandenburg mehr Akzeptanz für die Windenergienutzung zu gewinnen, hat die Landesregierung im September 2018 ein Maßnahmenpaket mit mehreren Punkten beschlossen:

> Das privilegierte Baurecht für Windenergieanlagen soll abgeschafft werden.
  ➪ Eine Initiative zur Änderung des Bundesrechts wurde im Herbst 2018 gestartet.

> Betreiber von Windenergieanlagen sollen eine Sonderabgabe an Kommunen zahlen.
  ➪ Ein neues Landesgesetz wurde vom Landtag im Sommer 2019 beschlossen („Gesetz zur Zahlung einer Sonderabgabe an Gemeinden im Umfeld von Windenergieanlagen (Windenergieanlagenabgabengesetz – BbgWindAbgG)“).

> Ersatzzahlungen sollen verstärkt für Gemeindeprojekte eingesetzt werden.
  ➪ Die Leitlinien für die Schwerpunkte der Stiftung NaturSchutzFonds Brandenburg wurden dementsprechend geändert.

> Die Nachtkennzeichnung von Windenergieanlagen soll nur noch bei Bedarf erfolgen.
  ➪ Der Bund hat Ende 2018 eine dementsprechende gesetzliche Regelung getroffen.

> Die Beratungsangebote für Kommunen und Bürger werden ausgebaut.
  ➪ Eine Beratungsstelle des Landes wurde Anfang 2019 in der WFBB eingerichtet (MWE 2019).

> Ein neues Sicherungsinstrument für die Regionalplanung wird geschaffen.
  ➪ Das betreffende Landesgesetz wurde im Frühjahr 2019 dementsprechend geändert.

> Die Mitwirkungsrechte kleinerer Gemeinden in Regionalversammlungen werden gestärkt.
  ➪ Das betreffende Landesgesetz wurde im Frühjahr 2019 dementsprechend geändert.

Besondere Bedeutung für die Regionalplanung entfalten die beiden zuletzt genannten Änderungen des Gesetzes zur Regionalplanung und zur Braunkohlen- und Sanierungsplanung (RegBkPlG) in Brandenburg. Zum Ersten wird die Neuaufstellung von Regionalplänen mit Eignungsgebieten für die Windenergienutzung durch ein neues Sicherungsinstrument unterstützt, sofern vorhandene Regionalpläne ihre Steuerungswirkung aufgrund von rechtskräftigen Entscheidungen des Oberverwaltungsgerichts Berlin-Brandenburg endgültig verlieren. In diesem Fall greift für einen vorübergehenden Zeitraum von zwei Jahren ein pauschales Genehmigungsverbot für Windenergieanlagen. Davon kann die GL im Einzelfall Ausnahmen zulassen. Als Vorbild diente eine Regelung aus Schleswig-Holstein, die passgerecht für Brandenburg modifiziert wurde. Zum Zweiten wurden die Regionalversammlungen 2019 auf bis zu 60 Mitglieder (vorher: max. 40) vergrößert und alle Gemeinden und Gemeindeverbände ab 5.000 Einwohner (vorher: Gemeinden ab 10.000 Einwohner) einbezogen.

Das Maßnahmenpaket greift Aufträge des Landtages von 2015 und 2018 (LT BB 2015; LT BB 2018) auf, geht aber mit der Initiative, das privilegierte Baurecht für Windenergieanlagen außerhalb von Ortslagen abzuschaffen, weit darüber hinaus. Sollte das Land damit Erfolg haben, wäre eine Regionalplanung mit Eignungsgebieten obsolet. Dann wäre es Aufgabe der Kommunen, einen weiteren Ausbau der Windenergienutzung über die Bauleitplanung zu ermöglichen (siehe Kapitel 4.1).

4.2.9 Schlussfolgerungen und Ausblick

Um die Energiewende in der Gesellschaft breiter zu diskutieren, bieten sich regionale Energiekonzepte als informelles Instrument der Raumordnung an. In Brandenburg gelang es dadurch in den letzten Jahren, die Regionalen Planungsgemeinschaften als Schnittstelle zwischen Land und Kommunen zu stärken. Die formelle Regionalplanung konzentrierte sich währenddessen weiterhin vorrangig auf die schwierige Aufgabe, den Ausbau der Windenergienutzung möglichst raumverträglich zu steuern und dabei den wachsenden Anforderungen aus der Rechtsprechung gerecht zu werden. Hinzu kommen künftig weitere Planungsthemen, von denen der neue Landesentwicklungsplan für die Hauptstadtregion Berlin-Brandenburg (LEP HR) einige benennt.

In Brandenburg ist es bisher gelungen, den Ausbau der Windenergienutzung mithilfe der Regionalplanung erfolgreich in geordnete Bahnen zu lenken. Trotz einschneidender Änderungen der politischen, fachlichen und rechtlichen Rahmenbedingungen konnte über fast zwanzig Jahre eine hochwirksame Steuerung aufrechterhalten werden. Die Regionalplanung hat im Laufe dieser Zeit erkennbar an Professionalität, Transparenz und auch Bürgernähe gewonnen.

Einen gesellschaftlichen Konsens für die Umsetzung der Energiewende herzustellen, wird in Brandenburg nicht leichter, denn für diese komplexe Aufgabe gibt es keine einfache Antwort. Um raumbezogene Nutzungskonflikte sachlich und geordnet zu diskutieren und am Ende durch eine transparente und mehrheitsfähige Entscheidung zu lösen, bietet die Regionalplanung eine gute Plattform. Einen Kompromiss für die Windenergienutzung zu finden, fordert die Regionalplanung allerdings schon heute bis an die Grenzen des Leistbaren. Leider wird der Wert der Regionalplanung, die hier in bemerkenswerter Weise ausgleichend wirkt, nicht durchweg anerkannt. Welchen Beitrag die Regionalplanung in Brandenburg in Zukunft leisten wird, um die Energiewende mitzugestalten, bleibt abzuwarten. Das hängt maßgeblich von Entscheidungen auf der Landes-, aber auch auf der Bundesebene ab.

4.3 Rahmenbedingungen Mecklenburg-Vorpommern

4.3.1 Räumliche Voraussetzungen für die Energiewende

Mecklenburg-Vorpommern bietet aufgrund seiner geringen Siedlungsdichte und seines hohen Anteils an Offenland gute Voraussetzungen für die flächenextensive Nutzung erneuerbarer Energiequellen. Die Bevölkerungsdichte liegt mit rund 70 Einwohnern je Quadratkilometer weit unter dem Bundesdurchschnitt. Rund 60 % der Landesfläche wird landwirtschaftlich genutzt, davon wiederum vier Fünftel als Ackerland (Statistik M-V 2018a; b). Die Ostseeküste und das unmittelbare Küstenhinterland gehören zu den besonders begünstigten Bereichen für die Windenergienutzung; es werden allerdings keine Windstärken wie an der Nordseeküste erreicht. Das Binnenland bietet durchschnittliche Bedingungen, wie sie im norddeutschen Tiefland abseits der Küsten vorherrschen. Bei der jährlichen Sonnenscheindauer gehört das Land im bundesweiten Vergleich ebenfalls zu den begünstigten Regionen. Aufgrund der geringeren Intensität der Sonneneinstrahlung ist allerdings das nutzbare Energiepotenzial je Flächeneinheit (Globalstrahlung) geringer als in Süddeutschland (DWD 2018).

Geringe Bevölkerungs- und Bebauungsdichte begünstigen nicht nur die Nutzung erneuerbarer Energiequellen. Der hohe Anteil störungsarmer, unzerschnittener und naturnaher Landschaftsräume kennzeichnet ebenso den besonderen Wert des Landes als Erholungsraum für den Menschen und als Rückzugsraum für wild lebende Tierarten. 45% der Landesfläche sind Schutzgebiete nach dem Naturschutzrecht. Der Anteil des Tourismus an der Wirtschaftsleistung beträgt über 10%, womit die relative Bedeutung dieses Wirtschaftszweiges wesentlich höher ist als in anderen Bundesländern (WM M-V 2018). Die im Interesse von Naturschutz und Tourismus angestrebte Erhaltung des prägenden Landschaftscharakters mit seinen wenig verbauten Offenlandbereichen steht in einem latenten Widerspruch zur extensiven Nutzung von Wind-, Sonnen- und Bioenergie und zu den damit einhergehenden Landschaftsveränderungen.

4.3.2 Nutzung erneuerbarer Energiequellen

Die Stromerzeugung in Mecklenburg-Vorpommern erfolgte im Jahr 2016 zu zwei Dritteln aus erneuerbaren Energiequellen. Unter diesen wiederum nimmt die Windenergie mit 60% der elektrischen Arbeit den größten Teil ein; auf Biogas- und Photovoltaikanlagen entfielen rund 20 bzw. 15%. In der Wärmeerzeugung wurden zu rund 20% erneuerbare Energieträger (einschließlich biogener Abfälle) eingesetzt (Statistik M-V 2018c). Bei der Nutzung der Windenergie (gemessen am installierten Leistungspotenzial je Flächeneinheit) liegt Mecklenburg-Vorpommern im Mittelfeld der Bundesländer und damit deutlich hinter Brandenburg sowie den beiden benachbarten Küstenländern Niedersachsen und Schleswig-Holstein (Deutsche WindGuard 2018). Im Jahr 2017 entfiel in Mecklenburg-Vorpommern eine Windenergieanlage rechnerisch auf zwölf Quadratkilometer Landesfläche, in Brandenburg eine Anlage auf acht Quadratkilometer. Im wesentlich dichter bebauten Schleswig-Holstein betrug der Vergleichswert vier Quadratkilometer (berechnet nach DESTATIS und Deutsche WindGuard 2018).

4.3.3 Energiepolitische Zielsetzungen

Gegenüber den landesplanerischen Vorgaben und Empfehlungen zur Regelung der Windenergienutzung, die in erster Linie auf den Ausschluss großer Teile der Landesfläche von dieser Nutzung zielen, haben energiewirtschaftliche und energiepolitische Zielsetzungen bisher eine untergeordnete Bedeutung für die Regionalplanung. Durch die Landesregierung wurde seit 1996 der „Landesatlas Erneuerbare Energien“ in bisher drei Auflagen (zuletzt 2011) herausgegeben (WM M-V 2011). Wie der Titel nahelegt, enthält dieser Atlas eine Bestandsaufnahme und Potenzialabschätzung für die Nutzung erneuerbarer Energiequellen, jedoch keine Mengenziele für den weiteren Ausbau. Dies trifft auch für den (ebenfalls in dritter Auflage vorliegenden) „Aktionsplan Klimaschutz Mecklenburg-Vorpommern“ aus dem Jahr 2010 und die Gesamtstrategie „Energieland 2020“ aus dem Jahr 2009 zu: Die planerischen Restriktionen wurden in diesen Dokumenten als feststehender, begrenzender Faktor für die nutzbaren Windenergiepotenziale auf dem Festland angenommen (WM M-V 2009; 2010).

In der „Energiepolitischen Konzeption des Landes Mecklenburg-Vorpommern“ aus dem Jahr 2015, deren Erarbeitung bereits unter dem Eindruck der 2011 gefassten Energiewendebeschlüsse der Bundesregierung erfolgte, treten Ausbauziele erstmals stärker in den Vordergrund: Für den Zeithorizont bis 2025 strebt das Land an, 6,5 % des bundesweiten Strombedarfes decken zu können, was dem Flächenanteil des Landes am gesamten Bundesgebiet entspricht. Dafür wurden Mengenziele zur Nutzung der verschiedenen Energiequellen bestimmt, wobei Windenergieanlagen auf dem Festland die Hälfte der veranschlagten Strommenge von jährlich 24 Terawattstunden bereitstellen und damit den größten Anteil übernehmen sollen. Den Trägern der Regionalplanung wird empfohlen, aus dieser allgemeinen Vorgabe Ziele für die Flächenausweisung abzuleiten. Der Beitrag von Sonnen- und Bioenergie zur Stromerzeugung soll jeweils rund zwei Terawattstunden erreichen, womit diesen Energiequellen eine wesentlich geringere Bedeutung beigemessen wird als der Windenergie (Land M-V 2015).

4.3.4 Organisation der Regionalplanung

Die Regionalplanung in Mecklenburg-Vorpommern ist kommunal verfasst, organisatorisch jedoch an die Planungsbehörden des Landes gebunden. Gemäß Landesplanungsgesetz ist Mecklenburg-Vorpommern in die Planungsregionen Westmecklenburg, Rostock, Mecklenburgische Seenplatte und Vorpommern gegliedert. Träger der Regionalplanung sind die vier Regionalen Planungsverbände. Die Regionalpläne erlangen nach Beschlussfassung in den Planungsverbänden durch Rechtsverordnungen der Landesregierung ihre Verbindlichkeit. Regionale Raumordnungsprogramme (RROP) wurden in den vier Planungsregionen zwischen 1994 und 1998 erstmals aufgestellt. Insgesamt neu erarbeitet wurden die vier Regionalpläne, nunmehr bezeichnet als Regionale Raumentwicklungsprogramme (RREP), in den Jahren 2010 und 2011.

Abb. 9: Planungsregionen in Mecklenburg-Vorpommern, Aufstellung der Regionalpläne / Quelle: eigene Darstellung; geogr. Datengrundlage: Landesvermessung M-V; Gebietsstand 2019; Städte = jeweils Sitz der Regionalen Planungsverbände

4.3.5 Steuerung der Windenergienutzung

Die Auswahl geeigneter Gebiete für die Windenergienutzung durch die Regionalen Planungsverbände in Mecklenburg-Vorpommern folgt weitgehend einheitlichen Planungskriterien. Durch die Landesplanungs- und Umweltbehörden wurden bereits in den 1990er Jahren umfangreiche Untersuchungen veranlasst, um für die damals noch neuartigen Windparks die bestgeeigneten Standorte zu identifizieren. Mit den 1996 und 1997 erstellten Fachgutachten „Windenergie und Naturschutz" (I.L.N. 1996) sowie „Windpotenzial und Flächenanalyse" (Wind-Consult 1997) wurden die Grundlagen für ein landeseinheitliches Kriteriensystem geschaffen, das – mit wesentlichen Modifikationen in den Jahren 2006 und 2012 – im Prinzip bis heute angewandt und fortentwickelt wird.

Die Festlegung von Eignungsgebieten für Windenergieanlagen in den Regionalen Raumordnungsprogrammen erfolgte (im Fall der Region Rostock durch nachträgliche Fortschreibung) seit 1996 und wurde später im Landesplanungsgesetz als Aufgabe der Regionalplanung festgeschrieben. Mit der Neuaufstellung der Programme 2010/11 wurde das Flächenangebot für die Windenergienutzung wesentlich erweitert. Unmittelbar anschließend wurden wiederum in allen vier Regionen Teil-Fortschreibungsverfahren zur Überprüfung bestehender und Festlegung neuer Eignungsgebiete für Windenergieanlagen begonnen. Diese Verfahren dauerten im Jahr 2019 noch an. Der Flächenumfang verbindlich festgelegter Eignungsgebiete betrug im Jahr 2011 rund 13.000 Hektar, was einem Anteil von etwa 0,6% an der gesamten Landesfläche entspricht. Die Entwürfe zur Fortschreibung der Regionalen Raumentwicklungsprogramme enthalten Flächen im Umfang von insgesamt 17.000 Hektar (Planungsstand Ende 2018, einschließlich bereits festgelegter Eignungsgebiete), was 0,75% der Landesfläche entsprechen würde.

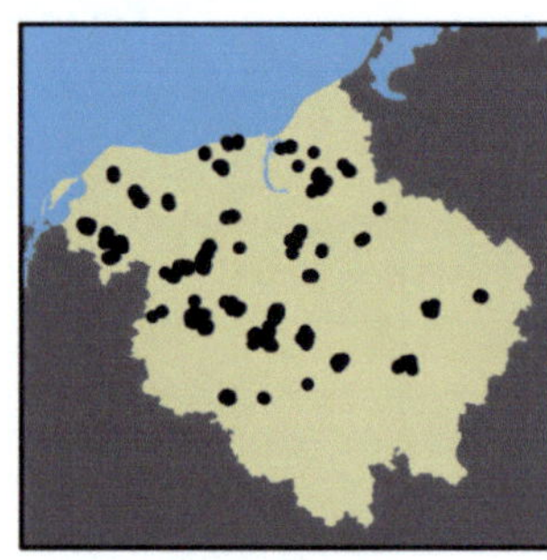

1998: 80 Anlagen, 40 MW

2008: 200 Anlagen, 220 MW

2018: 340 Anlagen, 680 MW

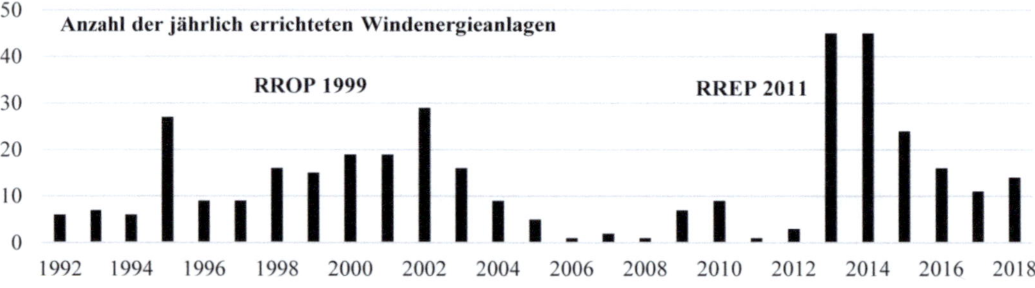

Abb. 10: Ausbau der Windenergienutzung: Beispiel Region Rostock / Quelle: eigene Darstellung; Datengrundlagen: AfRL Region Rostock, Landesvermessung M-V

Die Entwicklung der Windenergienutzung zur Stromerzeugung in Mecklenburg-Vorpommern wurde somit maßgeblich durch die Regionalplanung geprägt. Im Rückblick auf die letzten Jahrzehnte lassen sich drei Entwicklungsphasen unterscheiden: Die erste Ausbauphase begann mit dem Inkrafttreten des Stromeinspeisungsgesetzes im Jahr 1991. Entsprechend dem damaligen Stand der Windenergietechnik und der zunächst durch Kleinunternehmen geprägten Branchenstruktur wurden überwiegend kleinere Projekte, zum Teil direkt an der Küste, verwirklicht. Die Entwicklung verlief dabei weniger dynamisch als in den Starkwindregionen der deutschen Nordseeküste. Eine zweite Phase begann ab Mitte der 1990er Jahre mit der baurechtlichen Privilegierung der Windenergieanlagen und den daran anschließenden Regelungen zur planerischen Steuerung von Windparkvorhaben. In Mecklenburg-Vorpommern wurde die bis dahin geübte Praxis der landesbehördlichen Einzelfallbeurteilung in ein System der regionalplanerischen Steuerung durch Festlegung von Eignungsgebieten überführt.

	Bund, Land *(Landesregierung, Landesbehörden, Bundesbehörden)*	Kommunen *(Gemeinden, Städte, Landkreis, kommunale Verbände)*	Private *(Bürger, private Firmen und Interessenverbände)*
VERFAHRENSSCHRITTE:	**VON DER PLANUNG ZUR GENEHMIGUNG**		
REGIONALPLANUNG *Grundlagen: Raumordnungsgesetz, Landesplanungsgesetz* Festlegung von Eignungsgebieten im Regionalen Raumentwicklungsprogramm (RREP). Das Beteiligungsverfahren zum RREP wird mindestens einmal wiederholt.	**Landesplanungsbehörde:** *empfiehlt Eignungskriterien* **Ministerien, Landesbehörden, ausgewählte Bundesbehörden:** *nehmen Stellung* **Landesregierung:** *prüft und erklärt RREP für verbindlich*	**Planungsverband:** *entwirft RREP und beteiligt ...* **Landkreis, Städte, Gemeinden, Zweckverbände, Versorgungsunternehmen:** *nehmen Stellung* **Planungsverband:** *wägt ab und beschließt RREP*	 **Allgemeine Öffentlichkeit, private Firmen und Interessenverbände:** *nehmen Stellung*
BAULEITPLANUNG* *Grundlage: Baugesetzbuch* Regelungen zur Ausnutzung der Eignungsgebiete in Flächennutzungsplänen (FNP) und Bebauungsplänen (B-Plänen). Das Beteiligungsverfahren wird, wie beim RREP, mindestens einmal wiederholt. *Die Bauleitplanung kann entfallen, wenn kein FNP vorhanden ist und wenn aus örtlicher Sicht nichts geregelt werden muss. Dann ist das RREP Grundlage der Genehmigung.	 **Landesbehörden, ausgewählte Bundesbehörden:** *nehmen Stellung*	**Stadt oder Gemeinde:** *passt ggf. FNP an und/oder entwirft B-Plan und beteiligt* **Landkreis, Zweckverbände, Versorgungsunternehmen:** *nehmen Stellung* **Stadt oder Gemeinde:** *wägt ab und beschließt FNP und/oder B-Plan* **Landkreis:** *genehmigt FNP oder B-Plan*	 **Allgemeine Öffentlichkeit, private Firmen und Interessenverbände:** *nehmen Stellung*
GENEHMIGUNG *Grundlage: Bundes-Immissionsschutzgesetz* Zulassung einzelner Windenergieanlagen in den Eignungsgebieten auf Antrag eines Windparkbetreibers	**Immissionsschutzbehörde:** *beteiligt* **Landesbehörden, ausgewählte Bundesbehörden:** *nehmen Stellung* **Immissionsschutzbehörde:** *erteilt Genehmigung, ggf. mit Auflagen*	 **Landkreis, Gemeinde:** *nehmen Stellung*	**Windparkbetreiber:** *prüft bzw. beauftragt bzw. verhandelt und vereinbart mit* | *Grundstückseigentümer: Nutzungsrecht* | *Netzbetreiber: Anschlussbedingungen* | *Anlagenhersteller: Anlagentyp, Lieferung der Windenergieanlagen* | *Gutachter: Berechnung von Schall und Schattenwurf, Auswirkungen auf die Tierwelt* *und reicht Genehmigungsantrag ein* **Allgemeine Öffentlichkeit:** *nimmt Stellung (i.d.R. nur bei Windparks ab 20 Anlagen)* **Windparkbetreiber:** *errichtet Windenergieanlagen*

Abb. 11: Verfahrensablauf bis zur Errichtung eines Windparks / Quelle: Bürger-Informationsbroschüre des Planungsverbandes Region Rostock (PVRR 2012)

Die seit den späten 1990er Jahren in den ersten Eignungsgebieten errichteten Windparks sind durch Anlagen der 1-bis-2-Megawatt-Klasse mit Höhen um 100 Meter gekennzeichnet. Die Flächenauswahl erfolgte auch unter dem Gesichtspunkt der Windhöffigkeit, wurde maßgeblich jedoch durch eine Vielzahl von Ausschluss- und Abstandskriterien bestimmt, unter anderem durch einheitliche Schutzabstände zu den Wohnorten. Dies führte zu einer tendenziellen Verschiebung der geeigneten Standorte weg von der Küste in das Binnenland, welches zwar weniger windexponiert, dafür jedoch spärlicher besiedelt und weniger dicht mit planerischen Restriktionen belegt ist. Diese Tendenz der Standortverschiebung setzte sich fort in der dritten Entwicklungsphase, die mit der landesweiten Festlegung weiterer Eignungsgebiete zu Beginn des zweiten Jahrzehnts eingeleitet wurde und durch Anlagen der 2-bis-3-Megawatt-Klasse mit Höhen von 150 bis 200 Metern geprägt ist. Anlagen dieser Größe finden in der flachen bis wellig-hügeligen Moränenlandschaft Mecklenburg-Vorpommerns überall ein ausreichendes Windangebot, sodass die örtlichen Windverhältnisse bei der regionalplanerischen Flächenauswahl heute keine Rolle mehr spielen.

4.3.6 Sonnen- und Bioenergie, Leitungsnetze

Für die Nutzung der Sonnen- und Bioenergie bestand bisher kein vergleichbarer Steuerungsbedarf. Im Fall der Sonnenenergie hat dies nicht zuletzt damit zu tun, dass für Freilandanlagen bestimmte Restriktionen der Standortwahl bereits in die Förderbestimmungen des Erneuerbare-Energien-Gesetzes integriert worden sind. Auch bei der energetischen Nutzung von Biomasse wirkt sich der bundesgesetzliche Rahmen stärker reglementierend aus, indem zumindest große, industriell betriebene Anlagen nicht zu den sogenannten privilegierten Vorhaben gemäß § 35 des Baugesetzbuches gehören und somit nur aufgrund eines Bauleitplans zugelassen werden können. Im Übrigen hat der Gesetzgeber auch die finanzielle Vergütung bei der Sonnen- und Bioenergie zuletzt weniger attraktiv gestaltet, sodass kein vergleichbarer Nachfragedruck bestand wie bei der Windenergie, deren wirtschaftliche Nutzung in den letzten Jahren bis zur Novelle des Erneuerbare-Energien-Gesetzes 2017 durch sehr hohe Gewinnmargen und einen entsprechend harten Wettbewerb um die planerisch begrenzten Standortkontingente gekennzeichnet war.

Festlegungen zur Sonnen- und Bioenergienutzung in den Raumordnungsplänen beschränkten sich in der Vergangenheit auf überwiegend unverbindliche oder deklaratorische Programmsätze, die in der Praxis kaum eine Steuerungswirkung entfaltet haben. Mit der letzten Neuaufstellung des Landesraumentwicklungsprogrammes (LEP) wurde allerdings für Freiland-Photovoltaikanlagen eine sehr restriktive Regelung eingeführt, welche die Umnutzung landwirtschaftlicher Flächen zu diesem Zweck prinzipiell untersagt und nur noch entlang von Fernstraßen und Schienenwegen erlaubt – dort aber auch nur, wenn keine hochwertigen Böden beansprucht werden. Die Regelung zum Schutz hochwertiger Böden betrifft auch andere Formen der Umnutzung und macht den hohen Stellenwert deutlich, der den Belangen der Landwirtschaft in der Landesplanung zugemessen wird. Photovoltaikanlagen wurden in Mecklenburg-Vorpommern allerdings auch vorher kaum in der freien Landschaft errichtet, sondern vorwiegend an den vergütungsrechtlich begünstigten Standorten mit Vornutzungen oder an Verkehrswegen.

Auf den Ausbau der Leitungsnetze nimmt die formelle Regionalplanung bisher wenig Einfluss. Mecklenburg-Vorpommern verfügt über ein dichtes Netz an Hoch- und Höchstspannungsleitungen, sodass die zum vermehrten Anschluss von Windparks und anderen dezentralen Erzeugern notwendigen Ausbaumaßnahmen in der Regel auf vorhandenen Leitungstrassen verwirklicht werden können – insbesondere indem bestehende 220-Kilovolt- durch 380-Kilovolt-Leitungen ersetzt werden (Universität Rostock 2013). Sofern für den landseitigen Anschluss von Ostseewindparks ganz neue Kabeltrassen notwendig sind, werden dafür in der Regel vorhabenbezogene Raumordnungsverfahren von den Landesplanungsbehörden durchgeführt (siehe Kap. 4.1).

4.3.7 Regionale Energiekonzepte

Regionale Energiekonzepte lagen im Jahr 2019 für zwei der vier Planungsregionen vor (RPV VP 2015; RPV WM 2014). Für eine weitere Region lag ein (noch unveröffentlichter) Entwurf vor. In der vierten Region wurde erst 2018 mit der Erarbeitung begonnen. Die vorliegenden Konzepte enthalten Energiebilanzen und regionale Potenzialabschätzungen sowie auch konkrete Empfehlungen an die Regionalplanung. Ein direkter Einfluss dieser Konzepte auf die laufende Fortschreibung der Regionalen Raumentwicklungsprogramme bezüglich des geplanten Flächenumfangs der Windenergie-Eignungsgebiete kann jedoch nicht festgestellt werden. Aufgrund der geringen Industriedichte und des entsprechend geringen Energieverbrauches lässt sich eine rechnerische Selbstversorgung in den betreffenden Regionen relativ leicht darstellen (und ist im Stromsektor schon heute gegeben). Dagegen werden überregionale Betrachtungen in den vorliegenden Konzepten nur ansatzweise angestellt: Der Export von Strom wird als regionales Wertschöpfungspotenzial erkannt – in welchem Umfang jedoch ein solcher Export mittelfristig nicht nur aus regionaler Sicht wünschenswert, sondern für die Versorgung der Metropolen und Verdichtungsräume im übrigen Bundesgebiet auch unabdingbar werden könnte, wird nicht näher betrachtet.

4.3.8 Akzeptanz der Windenergienutzung – Akzeptanz der Regionalplanung

Die im Jahr 2019 laufende Fortschreibung der vier Regionalen Raumentwicklungsprogramme mit der Überprüfung bestehender und der geplanten Festlegung neuer Eignungsgebiete für Windenergieanlagen ist durch sehr langwierige Verfahren gekennzeichnet. In zwei Regionen wurde 2018 die dritte, in einer Region bereits die vierte öffentliche Auslegung der Entwürfe eingeleitet. Diese lange Dauer, die ursprünglich weder vorhergesehen wurde noch intendiert war, hat bisher nicht zu einer Delegitimierung der regionalplanerischen Steuerung geführt, birgt diese Gefahr aber durchaus in sich, wenn der Eindruck entsteht, dass räumliche Nutzungskonflikte von der Regionalplanung nicht – oder nicht in angemessener Zeit – gelöst werden können und die Entwurfsphase zu einem Dauerzustand wird. Die scheinbar naheliegende Ursache dieser Verzögerungen – die verbreitete Ablehnung von Windparkplanungen durch betroffene Anwohner/innen und Gemeinden – ist dabei nur eines der Probleme, die in den letzten Jahren zu Verunsicherungen in der Regionalplanung geführt haben. Ebenso ursächlich waren die Anforderungen der Rechtsprechung und des gesetzlichen Artenschutzes.

Das Gefühl einer tendenziell abnehmenden Akzeptanz der Windenergienutzung bei den betroffenen (oder sich betroffen fühlenden) Anwohnerinnen/Anwohnern kam auch in einzelnen Äußerungen in der Fokusgruppendiskussion zum Ausdruck, deren Ergebnisse im Kapitel 5.2 wiedergegeben sind. Objektiv belegbar ist eine solche Tendenz bisher nicht. Ergebnisse einschlägiger Umfragen lassen vielmehr auf eine ungebrochene, sehr hohe Akzeptanz der Energiewende im Allgemeinen wie auch der Windenergienutzung im Besonderen in der Bevölkerung schließen (FA Wind 2018b; siehe auch Kap. 4.1). Soweit unter den Akteuren der Planung dennoch ein Gefühl schwindender Zustimmung entstanden ist, kann dies eventuell damit erklärt werden, dass Bürgerinitiativen zunehmend professioneller auftreten, besser vernetzt und besser informiert sind – und damit auch eine erhebliche Öffentlichkeitswirkung erzielen. Die von Windenergiegegnern/-gegnerinnen vorgebrachten Klagen über besondere Belastungen und Gefährdungen, denen sie angeblich ausgesetzt würden, entbehren einer objektiven Grundlage. Sie haben gleichwohl einen ernsthaften Hintergrund, der in einschlägigen Stellungnahmen von Bürgern/Bürgerinnen und Bürgerinitiativen deutlich erkennbar wird, wenn man die für Protestbekundungen typischen Übertreibungen außer Acht lässt und analysiert, was die Einwender über sich selbst und ihre Motive schreiben (exemplarisch: PVRR 2018). Dann wird ablesbar, dass die ländlichen Räume in Mecklenburg-Vorpommern in zunehmendem Maße als Wohnort für ehemalige Stadtbewohner/innen dienen, die dort gerade die Ruhe und Abgeschiedenheit gesucht haben und deshalb auch vergleichsweise geringfügige Störungen dieses idealisierten Wohnumfeldes ablehnen und bekämpfen. Dem gefühlt zunehmenden Protest liegt somit tatsächlich oftmals ein objektiver Zielkonflikt zugrunde, dem sich die Planung unweigerlich stellen muss, weil grundsätzliche Fragen und Leitvorstellungen zur Entwicklung des ländlichen Raumes berührt werden.

Die damit umrissene Interessenlage von Protestbürgerinnen/-bürgern würde auch die bisher geringe Resonanz auf den Versuch des Landes Mecklenburg-Vorpommern erklären, das Modell „Bürgerwindpark" per gesetzlicher Verpflichtung zu etablieren und damit die Akzeptanz in der ländlichen Bevölkerung zu erhöhen (siehe Kapitel 5.2): Wer ein ruhiges und naturnahes Wohnumfeld gesucht und mit dieser Motivation im ländlichen Raum Eigentum erworben hat, wird sich oftmals seine Ruhe nicht ohne Weiteres durch finanzielle Anreize und Beteiligungsmöglichkeiten wieder abkaufen lassen. Dies gilt umso mehr dann, wenn diese Neubewohner/innen des ländlichen Raumes dort selbst wirtschaftlich tätig geworden sind und zum Beispiel Beherbergungsangebote für Touristen geschaffen haben. Den Interessen dieser Neubewohner/innen gegenüber steht das traditionelle, vom Planungsrecht geprägte Verständnis des Außenbereiches als Raum, in dem nicht vorrangig gewohnt, sondern gewirtschaftet wird, und der gerade dazu dienen soll, potenziell störende Betriebe und Anlagen aufzunehmen, zu denen auch die Windenergieanlagen gehören. Da beide Strategien zur Entwicklung des ländlichen Raumes – die ideale Parklandschaft als Rückzugsraum für wohlhabende Neubürger/innen mit gehobenen Wohnansprüchen, oder die weitgehend technisch überformte Energie- und Produktionslandschaft – kaum als alleiniges Leitbild für die Entwicklung der ländlichen Räume in Mecklenburg-Vorpommern taugen, sind Kompromisse und teilräumliche Schwerpunktsetzungen erforderlich. Diese können nur durch eine funktionierende Raumordnung sinnvoll herbeigeführt werden.

4.3.9 Schlussfolgerungen und Ausblick

Die regionalplanerische Steuerung der Windenergienutzung in Mecklenburg-Vorpommern kann im Rückblick auf die letzten zwanzig Jahre als wirksam bezeichnet werden. Ausgehend von der Praxis der Einzelfallbeurteilung in den frühen 1990er Jahren wurden sehr frühzeitig einheitliche Kriterien der Standortfindung und -bewertung für Windparkvorhaben entwickelt. Nachdem in der Mitte der 1990er Jahre der bestehende bundesrechtliche Rahmen für die Planung und Genehmigung von Windparks geschaffen war, wurden die festgelegten Kriterien wiederum sehr zügig und konsequent in verbindliche planerische Regelungen umgesetzt. Die Planungskriterien wurden seither mit Blick auf die Entwicklung der Anlagengrößen sowie neue Erkenntnisse kontinuierlich weiterentwickelt. Der Ausbau der Windenergienutzung erfolgte somit geordnet und wurde auf konfliktarme Standorte gelenkt.

Die hohe Akzeptanz dieses Planungsansatzes wird auch darin deutlich, dass in den letzten Jahren zwei der vier Regionalen Raumentwicklungsprogramme wegen Fehlern im Aufstellungsverfahren vor Gericht erfolgreich angegriffen oder inzident verworfen wurden, in der Genehmigungspraxis aber dennoch weiter auf diese Programme (und die Entwürfe zu deren Fortschreibung) Bezug genommen wird. Von privaten Akteuren und Interessenten werden die Eignungskriterien der Regionalplanung als Legitimation und Leitlinie sowohl bei der Planung von Windparks als auch in der öffentlichen Auseinandersetzung um solche Vorhaben herangezogen. Das regionalplanerische Kriteriensystem wirkt damit über die rechtliche Bindung der Raumentwicklungsprogramme hinaus und wird auch dann nicht infrage gestellt, wenn ein Programm wegen formaler Mängel unwirksam geworden ist. Die in den letzten Jahren vermehrt erfolgte gerichtliche Befassung mit Festlegungen zur Windenergienutzung hat nicht zuletzt dazu geführt, dass die Transparenz und Nachvollziehbarkeit des Planungs- und Abwägungsprozesses in der Regionalplanung heute eine wesentlich erhöhte Aufmerksamkeit erfährt.

Im Hinblick auf die in den nächsten Jahrzehnten umzusetzende Vollversorgung der Bundesrepublik aus erneuerbaren Energiequellen werden in Mecklenburg-Vorpommern die – bisher sehr stringent durchgeführte – Ausschluss- und Negativplanung zur Steuerung der Windenergienutzung und die – eher zurückhaltend erfolgte – Bestimmung positiver Ausbauziele enger aufeinander abzustimmen sein. Die Berücksichtigung bundesweiter Versorgungsziele und Bedarfsgrößen wird dabei ebenso erforderlich sein wie die Bestimmung von Verträglichkeitsgrenzen des Landschaftsumbaus angesichts bestehender Zielkonflikte mit Naturschutz und Tourismusförderung.

4.4 Regionale Steuerung der Energiewende – ein Zwischenfazit

4.4.1 Entwicklungspfade und Status quo

Im Vergleich der Länder Brandenburg und Mecklenburg-Vorpommern sind wesentliche Parallelen, aber auch Unterschiede bei der Steuerung der Energiewende erkennbar: Beide Länder setzen auf mehr Klimaschutz durch den Ausbau erneuerbarer Energien und nutzen dafür auch die Raumordnung, wobei sowohl formelle Instrumente (regionale Raumordnungspläne) als auch informelle Instrumente (regionale Energiekonzepte, regionales Energiemanagement) zum Einsatz kommen. Wichtige Akteure sind in beiden Ländern kommunal getragene Planungsverbände.

In beiden Ländern leistet die Windenergienutzung einen wichtigen Beitrag für den Umstieg auf eine Energieversorgung aus erneuerbaren Quellen. Bei der Steuerung des Ausbaus haben beide Länder frühzeitig und konsequent auf die regionale Ebene gesetzt. Mithilfe von regionalen Raumordnungsplänen wird die Windenergienutzung auf Eignungsgebiete konzentriert, um einen geordneten Ausbau zu gewährleisten (Konzentrationszonenplanung). Die deutlichen Unterschiede beim erreichten Stand der Windenergienutzung sind offensichtlich weniger auf unterschiedliche räumliche Voraussetzungen zurückzuführen als auf die energiepolitischen Zielsetzungen der Länder.

Brandenburg verfolgt dabei einen ambitionierteren Ausbaupfad als Mecklenburg-Vorpommern (siehe Tabelle 2). Das zeigt sich auch an der Anzahl der Windenergieanlagen: Ende 2018 drehten sich in Brandenburg (rund 3.800) fast doppelt so viele Rotoren wie in Mecklenburg-Vorpommern (rund 1.800). Da sich beide Länder in weiten Teilen durch schützenswerte Naturräume auszeichnen, trifft die Nutzung der Windenergie auf erhebliche Konfliktpotenziale.

In Brandenburg hat die Landesregierung die Regionen mit den strategischen Maßnahmen zur Umsetzung der Energiestrategie von 2008 beauftragt, in den Regionalplänen insgesamt 2% der Landesfläche für den Ausbau der Windenergienutzung bis 2030 zu sichern. Das spiegelt sich in den regionalen Raumordnungsplänen, die bis Ende 2018 in allen Regionen erarbeitet wurden, wider. In Mecklenburg-Vorpommern gibt es für die Windenergienutzung an Land keine vergleichbar konkreten Flächenziele. Für die Windenergienutzung auf See werden, ähnlich wie auf dem Festland, Vorranggebiete in den Raumordnungsplänen des Landes und des Bundes festgelegt.

Eine Leitfunktion der Landespolitik in Brandenburg zeigt sich auch beim Einsatz informeller Planungsinstrumente. Hier wurden auf Initiative der Landesplanung zeitgleich regionale Energiekonzepte in allen fünf Regionen nach einheitlichen Leitlinien erarbeitet. Das Land fördert außerdem deren Umsetzung durch regionale Energiemanager. Das stärkte die Regionalen Planungsgemeinschaften, weil sich dadurch neue Formen der Kommunikation mit dem Land, den Kommunen und der Bevölkerung über die Energiewende im Allgemeinen und die Windenergienutzung im Besonderen eröffneten, die im Ergebnis auch der Regionalplanung zugute kamen (siehe Kap. 5.1). Auch wenn das gewählte Instrument nicht neu erfunden wurde, sind sowohl das koordinierte Vorgehen als auch das erreichte Ergebnis richtungsweisend. In Mecklenburg-Vorpommern überlässt das Land diesbezüglich die Initiative mehr den Planungsverbänden, sodass solche Konzepte im Jahr 2019 erst für zwei Regionen vorlagen. Nur in einer Region wurde ein Energiemanagement für einen befristeten Förderzeitraum etabliert, jedoch nicht verstetigt.

4.4.2 Herausforderungen und Lösungsansätze

Weil beide Länder bei der besonders kontrovers diskutierten Windenergienutzung auf eine durchgreifende Steuerung durch die Regionalplanung setzen, sehen sie sich mit ähnlichen Herausforderungen konfrontiert. Zum einen stellen die Gerichte hohe methodische Anforderungen an eine Konzentrationszonenplanung und zum anderen lassen sich die vielfältigen widerstreitenden Interessen zwangsläufig nur bedingt miteinander in Einklang bringen. Wenn das mühsam errungene Ergebnis eines mehrjährigen Planungsverfahrens dann nicht genehmigt werden kann oder erfolgreich beklagt wird, kann das den Nutzen der Regionalplanung und sogar ihre Legitimität infrage stellen.

Auch wenn bundesweite Umfragen auf eine ungebrochen hohe Akzeptanz der Windenergienutzung in der Bevölkerung schließen lassen, wecken kritische Stimmen gegenüber der Regionalplanung den Eindruck, dass die Zustimmung zur Windenergienutzung im Allgemeinen und zur Regionalplanung im Besonderen schwindet. Beide Länder verbindet daher die Frage, wie mehr Akzeptanz für den Ausbau der Windenergienutzung erreicht werden kann. Das zeigt sich unter anderem an Gesetzgebungsaktivitäten und -initiativen.

In Brandenburg zielt die Änderung eines Landesgesetzes darauf ab, kleineren Gemeinden mehr Mitspracherechte in den Regionalen Planungsgemeinschaften zu gewähren. Bisher waren Gemeinden unter 10.000 Einwohnern in den Entscheidungsgremien, den Regionalversammlungen, nicht vertreten. Das änderte sich 2019; seitdem werden alle Gemeinden und Gemeindeverbände ab 5.000 Einwohner einbezogen. Im Ergebnis entstehen deutlich größere Regionalversammlungen (max. 60 statt 40 Mitglieder). Außerdem greift ein neues Sicherungsinstrument, wenn Regionalpläne infolge von rechtskräftigen Entscheidungen des Oberverwaltungsgerichts Berlin-Brandenburg ihre Steuerungsfunktion endgültig verlieren. Durch eine landesgesetzliche Regelung werden dann Genehmigungen für Windenergieanlagen in der betroffenen Region für einen befristeten Zeitraum (zwei Jahre) pauschal untersagt, wobei Ausnahmen möglich sind. Als Vorbild diente eine Regelung aus Schleswig-Holstein, die für Brandenburg modifiziert und weiterentwickelt wurde.

Mecklenburg-Vorpommern eröffnete Bürgerinnen/Bürgern und Gemeinden als erstes Bundesland die Möglichkeit, sich an Windparks durch den Kauf von Anteilen finanziell zu beteiligen. Das Modell „Bürgerwindpark“ wurde durch ein Landesgesetz verpflichtend eingeführt. Brandenburg geht einen anderen Weg, indem die Betreiber von Windenergieanlagen durch ein Landesgesetz dazu verpflichtet werden, eine Sonderabgabe an Gemeinden zu zahlen. Beide Maßnahmen laufen darauf hinaus, die Bevölkerung vor Ort direkt oder indirekt an der Wertschöpfung aus der Windenergienutzung partizipieren zu lassen.

Auch die Initiative der Landesregierung von Brandenburg, das bundesweit geltende privilegierte Baurecht für die Windenergienutzung außerhalb von Ortslagen abzuschaffen, soll dazu beitragen, mehr Akzeptanz zu gewinnen. Eine Konzentrationszonenplanung, wie sie in Mecklenburg-Vorpommern und Brandenburg seit rund zwanzig Jahren über die Regionalplanung erfolgt, wäre damit obsolet. Windenergienutzung im Außenbereich könnten die Kommunen dann über die Bauleitplanung ermöglichen.

Weitere Gesetzgebungsinitiativen zeigen, dass die Rahmenbedingungen für die Steuerung der Energiewende durchaus Veränderungen unterliegen. Das zeugt von einem anhaltenden demokratischen Diskurs über den richtigen Kurs für dieses generationenübergreifende Transformationsprojekt mit sehr vielfältigen ökologischen, ökonomischen und sozialen Facetten. Die damit verbundenen Chancen, aber auch Risiken und Nebenwirkungen für die Gesellschaft spiegeln sich in Planungen zur Steuerung der Energiewende, insbesondere der formellen Raumordnung, auf der regionalen Ebene wider.

Dabei interagieren Bund und Länder in einem Mehrebenen-System miteinander. Die Länder setzen die Vorgaben des Bundes um, jedoch mit eigenen politischen Akzenten, die wiederum Impulse für Veränderungen auf der Ebene des Bundes geben können. Das zeigen Beispiele aus Brandenburg und Mecklenburg-Vorpommern für die Ausgestaltung der Energiepolitik und der Raumplanung (siehe Abb. 12), wobei sich mehr

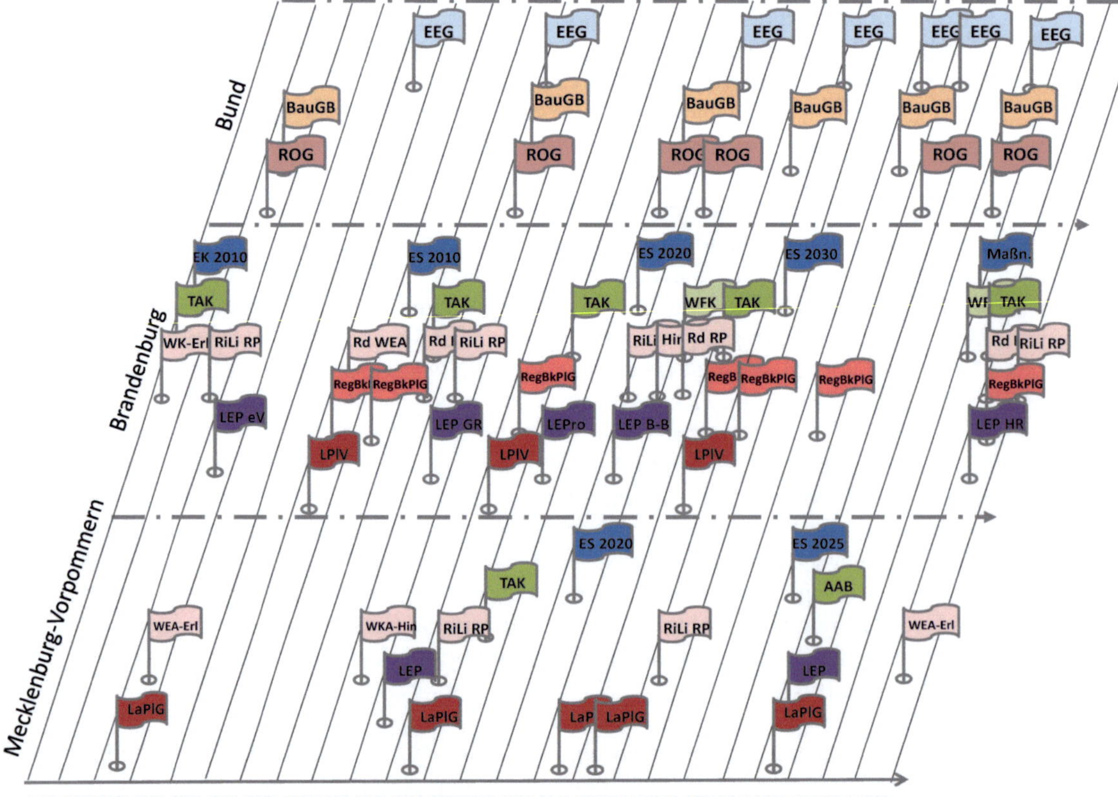

Abb. 12: Rahmenbedingungen für die regionale Steuerung der Energiewende im Mehrebenen-System (Auswahl)/ Quelle: eigene Darstellung, Petra Overwien (Entwurf und Grafik) und Jens Hoffmann (Grafik)

Legende zu Abbildung 12:

Bund	EEG	Erneuerbare-Energien-Gesetz
	BauGB	Baugesetzbuch
	ROG	Raumordnungsgesetz
Branden-burg	EK 2010 ES 2020/2030	Energiekonzept 2010 Energiestrategie 2020/2030 [mit Maßnahmenkatalog]
	Maßn	Maßnahmenkatalog [zur Energiestrategie 2030]
	TAK	Tierökologische Abstandskriterien
	WFK	Waldfunktionskartierung
	Hin WEG	Hinweise an die Regionalen Planungsgemeinschaften zur Festlegung von Eignungsgebieten „Windenergie"
	Rd RP	Rundschreiben zur Sicherung von in Aufstellung befindlichen Zielen der Raumordnung zur Steuerung der Windenergienutzung
	Rd WEA	Rundschreiben zur raumordnerischen, bauplanungs- und bauordnungsrechtlichen Beurteilung von Windenergieanlagen
	WK-Erl	Erlass zur landesplanerischen und naturschutzfachlichen Beurteilung von Windkraftanlagen
	RiLi RP	Richtlinie für die Regionalplanung
	RegBkPlG	Gesetz zur Regionalplanung und zur Braunkohlen- und Sanierungsplanung
	LEP eV / LEP GR / LEP B-B / LEP HR	Gemeinsame Landesentwicklungspläne für Berlin und Brandenburg (LEP eV = engerer Verflechtungsraum; LEP GR = Gesamtraum Berlin-Brandenburg, ergänzende Festlegungen für den äußeren Entwicklungsraum; LEP B-B = Berlin-Brandenburg; LEP HR = Hauptstadtregion Berlin-Brandenburg)
	LPlV	Gemeinsamer Landesplanungsvertrag (Staatsvertrag von Berlin und Brandenburg)
Mecklen-burg-Vorpom-mern	EL 2020	Energieland 2020 – Gesamtstrategie
	EPK	Energiepolitische Konzeption
	TAK	Tierökologische Abstandskriterien für die Errichtung von Windenergieanlagen
	AAB-WEA	Artenschutzrechtliche Arbeits- und Beurteilungshilfe
	WEA-Erl	Erlass zur Planung und Genehmigung von Windenergieanlagen
	WKA-Hin	Hinweise für die Planung und Genehmigung von Windkraftanlagen
	RL-RREP	Richtlinie zur Neuaufstellung, Änderung und Ergänzung Regionaler Raumentwicklungsprogramme
	LEP	Landesraumentwicklungsprogramm
	LPlG	Landesplanungsgesetz

	Brandenburg	**Mecklenburg-Vorpommern**
Grunddaten (31.12.2018)[I]		
Fläche	29.654 km²	23.294 km²
Einwohnerzahl	2.511.917 EW	1.609.675 EW
Einwohnerdichte	85 EW/km²	69 EW/km²
Politische Ziele	Energiestrategie 2030[II]	Energiepolitische Konzeption 2025[III]
	Anteil EE am Primärenergieverbrauch in 2030: 32 % (mindestens 170 PJ)	mit 24,3 TWh 6,5 % der bundesdeutschen Stromerzeugung – analog zum Flächenanteil
Erneuerbare Energien (EE)[IV]		
Anteil EE am Primärenergieverbrauch (Stand 2016)	18,4 %	37,0 %
Anteil EE an der Bruttostromerzeugung (Stand 2017) - darin Windstrom - darin Photovoltaikstrom - darin Biomassestrom	32,4 % 20,5 % 5,1 % 6,5 %	71,9 % 48,2 % 8,1 % 15,6 %
Windenergie[IV]		
Installierte Leistung onshore (Stand 2018) - pro 1.000 EW / pro km²	7.104 MW 2.828 kW / 239,6 kW	3.245 MW 2.016 kW / 139,3 kW
Zahl der Windenergieanlagen onshore (Stand 2018)	3.810	1.818
Stromerzeugung aus Windenergie (Stand 2017)	11.605 Mio. kWh	7.628 Mio. kWh (onshore zzgl. offshore)
Bioenergie[IV]		
Installierte Leistung (Stand 2017) - Biomasse (ohne Abfall) - Biogas	 444 MW (el) 284 MW (el)	 360 MW (el) 291 MW (el)
Anzahl (Stand 2018) - Biomasseanlagen - Biogasanlagen	 536 464	 563 527
Stromerzeugung (Stand 2017) - aus Biomasse - aus Biogas	 3.687 Mio. kWh 1.780 Mio. kWh	 2.468 Mio. kWh 1.930 Mio. kWh

	Brandenburg	**Mecklenburg-Vorpommern**
Photovoltaik[IV]		
Installierte Leistung Photovoltaik (Stand 2018)	3.703 MWp	1.878 MWp
Anzahl Photovoltaikanlagen (Stand 2018)	38.752	17.597
Wertschöpfung[IV]		
Bruttobeschäftigung Erneuerbare Energien (Stand 2016)	18.640	14.870

Tab. 2: Brandenburg und Mecklenburg-Vorpommern im Vergleich / Quellen: (I) DESTATIS 2019, (II) LR BB 2012, (III) Land M-V 2015, (IV) AEE 2020.

oder weniger starke Wechselwirkungen zwischen den beiden Politikfeldern ergeben. Die Länder bestimmen über ihre Energiestrategien, mit welchen Energieträgern und wie ambitioniert der Ausbau der erneuerbaren Energien vorangetrieben werden soll. Die Organisation und die Verfahren der Raumordnungsplanung gestalten die Länder in ihren Planungsgesetzen und Verwaltungsvorschriften aus. Die Inhalte für die regionale Raumordnungsplanung ergeben sich insbesondere aus den Landesraumordnungsplänen. Einfluss auf die regionale Raumordnungsplanung, insbesondere für die Windenergienutzung, besitzen auch Verwaltungsvorschriften der Länder, z. B. für die Auslegung von umweltbezogenen Bundesgesetzen. Die Flächensteuerung für die Nutzung erneuerbarer Energien hängt dabei im Wesentlichen davon ab, ob ein privilegiertes Baurecht des Bundes gilt (wie z. B. für die Windenergienutzung) oder nicht (wie z. B. für die Photovoltaiknutzung). Wie diese Auswahl zeigt, die keinen Anspruch auf Vollständigkeit erhebt, bleiben zentrale Rahmenbedingungen für die Energiewende nicht über lange Zeit unverändert. Das kann für die Regionen bedeuteten, sich auf neue Anforderungen einzustellen und ihre Planungen – mit mehr oder weniger großem Aufwand – daraufhin zu überprüfen.

4.5 Innovationstheoretische Interpretation

Die Erörterung des Handlungsfelds der Steuerung der Energiewende auf regionaler Ebene – differenziert nach dem Bund und den beiden Bundesländern Brandenburg und Mecklenburg-Vorpommern – hat gezeigt, dass auf Bundes- und Landesebene herausfordernde Rahmenbedingungen entstanden sind, die das Handeln auf regionaler Ebene beeinflussen, leiten und institutionell regeln. Die jeweiligen Phänomene wie Klimaziele, Gesetze und ihre einzelnen Regelungen sowie Inhalte der Rechtsprechung sind wesentlich für die Durchsetzung von Neuerungen auf regionaler Ebene, sie können aber auch selbst als soziale – politische oder rechtliche – Innovationen interpretiert werden. Hinzu kommen noch die technischen Innovationen im Feld der Entwicklung erneuerbarer Energien, die sich auf das Handeln auf regionaler Ebene auswirken. Die technischen Neuerungen von Windenergieanlagen mit immer größerer Leistung und Nabenhöhe sind eine wesentliche Basisinnovation für regionalplanerisches Handeln, weil erst die entsprechenden Dimensionssprünge die Raumwirksamkeit dieser Anlagen haben deutlich werden lassen. Weil es aber bei der Entwicklung von Leistung und Nabenhöhe eine kontinuierliche Steigerung gegeben hat, konnten größere Anlagen jeweils nicht als radikaler „Bruch" mit dem Gewohnten interpretiert haben. Die technischen Innovationen der Hersteller von Windenergieanlagen haben sich stets durchgesetzt, auch wenn die Wahrnehmung dieser Produkte in der Gesellschaft, wie oben gezeigt, nicht auf ungeteilte Zustimmung gestoßen ist.

Bedeutsam für die regionale Steuerung der Energiewende war neben diesen technischen Entwicklungen eine Kombination aus weiteren Rahmenbedingungen, die jeweils als herausfordernde Neuerungen für die regionalplanerische Praxis gelten können. Änderten sich etwa die einschlägigen Rechtsgrundlagen auf der Bundesebene, so wirkte sich dies auch auf die regionale Steuerung der Energiewende aus. Zum Beispiel beeinflussten die Einspeisevergütung und die Einspeisemenge (gemäß EEG) indirekt die Flächennachfrage für erneuerbare Energien und deren regionale Verteilung. Dem folgte wegen der Einspeisegarantie wiederum die Netzentwicklungsplanung. Direkte Folgen für die Raumplanung ergaben sich aus Änderungen des Baurechts (BauGB) und des Raumordnungsrechts (ROG).

In den letzten zwanzig Jahren wurden die rechtlichen Rahmenbedingungen für die Energiewende mehrfach geändert. Meistens handelt es sich um Kurskorrekturen, die dann nicht als Innovationen zu kennzeichnen sind, seltener aber um Kurswechsel. Für einen Kurswechsel auf Bundesebene stehen z. B. jeweils die Änderungen

> des Baurechts (BauGB) 1997; seitdem gilt für die Windenergienutzung ein privilegiertes Baurecht außerhalb von Ortslagen;

> des Raumordnungsrechts (ROG) 2004; seitdem besteht für Raumordnungspläne die Pflicht, eine strategische Umweltprüfung mit Öffentlichkeitsbeteiligung durchzuführen;

> des Energierechts (EEG) 2016; seitdem gibt es Wettbewerb statt Garantien für Einspeisevergütungen;

> der Netzplanung (NABEG) 2011; seitdem gibt es eine Fachplanung des Bundes für den Netzausbau.

Weitere wichtige Neuerungen waren

> die einschlägige höchstrichterliche Rechtsprechung, die nachfolgende Ausgestaltung durch die obergerichtliche Rechtsprechung, welche detaillierte methodische Vorgaben zur Planung von Konzentrationszonen macht, sowie

> Klimaschutz- bzw. Energiewendeziele des Bundes und der Länder.

Für die Akteure der Regionalplanung waren insbesondere die Änderungen des Bau- und Raumordnungsrechtes in Kombination mit den Vorgaben der Rechtsprechung echte Neuerungen, die auch als solche wahrgenommen wurden. Sie stellten eingeübte Praktiken infrage, führten zur Unwirksamkeit formell scheinbar abgesicherter Planungen und eröffneten neue Arenen für die zunehmend herausfordernde Öffentlichkeitsbeteiligung. Dass die Regionalplanung in Brandenburg und Mecklenburg-Vorpommern vor dem Hintergrund dieser rechtlichen und juristischen Neuerungen mittels der Konzentrationszonenplanung für die Windenergienutzung für die Freihaltung großer Landschaftsräume von der Windparkentwicklung gesorgt hat, kann als große Leistung gelten. Auch der zunehmende zivilgesellschaftliche Protest, die teilweise abnehmende politische Unterstützung oder die Rechtsunsicherheit sprechen nicht dagegen, die Konzentrationszonenplanung generell als „Innovation" zu bezeichnen – schließlich stoßen viele Neuerungen auf gesellschaftliche Widerstände.

Die Einschätzung, ob rechtliche und politische Vorgaben auf Landes- und Bundesebene als Innovationen gelten können (z. B. Privilegierung der Windenergie, Pflicht zur Öffentlichkeitsbeteiligung), ist ein Skalenproblem. Aus europäischer Perspektive war die deutsche Gesetzesentwicklung sicherlich lange Zeit als innovativ für die Gestaltung ihrer eigenen energiebezogenen Transformationsprozesse aufzufassen. Ein Beispiel hierfür war die Übernahme von EEG-ähnlichen Regelungen in vielen Nationalstaaten. Aber auch Landesgesetzgebungen sowie Verfahren oder Instrumente auf Landesebene können beispielgebend für andere Bundesländer sein. Aus der Sicht von Akteuren auf der regionalen Handlungsebene sind rechtliche und politische Innovationen auf Landes- und Bundesebene dagegen zunächst eher „Vorgaben", die umzusetzen sind. Inwieweit die Handelnden auf der regionalen Ebene ihre eigenen Handlungsspielräume genutzt haben und selbst Neuerungen in ihren Praktiken etablieren konnten, wird in Kapitel 5 thematisiert.

5 Ergebnisse der Analyse der Fokusgruppen

Kann Regionalplanung innovativ sein? Und zeigt sich die Tendenz, Neuerungen selbst zu gestalten, insbesondere bei dem herausfordernden Handlungsfeld der regionalen Steuerung der Energiewende? Um diese Fragen beantworten zu können, hat sich die Arbeitsgruppe mit den in der Regionalplanung Tätigen in Brandenburg und Mecklenburg-Vorpommern in Fokusgruppen getroffen (zur Methodik siehe Kapitel 2).

5.1 Fokusgruppe Brandenburg

Die Fokusgruppendiskussion fand am 28. September 2017 in Müncheberg statt. Vier der fünf Planungsregionen in Brandenburg waren vertreten. Zwei der Teilnehmenden waren Regionalplaner, zwei weitere Personen arbeiteten im Regionalen Energiemanagement in einer der Regionalen Planungsstellen des Landes Brandenburg. Die Mehrzahl der Teilnehmenden war seit vielen Jahren in ihrem Arbeitsfeld tätig.

5.1.1 Innovative Ansätze in der Wahrnehmung der Teilnehmenden der Fokusgruppe

Die Steuerung der Energiewende war eines der zentralen, wenn nicht sogar *das* zentrale Handlungsfeld der Regionalplanung in Brandenburg in den letzten zwei Jahrzehnten. Die formelle Regionalplanung fokussierte dabei fast ausschließlich auf die Windenergieplanung, wobei anstelle zusammenfassender Regionalpläne mehrheitlich sachliche Teilpläne mit Eignungsgebieten für die Nutzung der Windenergie erarbeitet wurden.

„Dadurch, dass das so viele Kapazitäten gebunden hat, die Teilregionalpläne Windenergie aufzustellen, waren natürlich die anderen Themen weniger im Fokus. Einfach eine Ressourcenfrage."

Auslöser für die thematische Ausrichtung auf das Thema Windenergie waren neue bundesrechtliche Vorgaben: die Privilegierung der Windenergie im Außenbereich durch § 35 BauGB im Jahr 1997 und die Einführung des EEG im Jahr 2000. Anfang der 2000er Jahre entstand die erste Generation von Regionalplänen zur Konzentration der Windenergienutzung. Der Steuerungsbedarf wurde zunehmend auch in der Öffentlichkeit erkannt, als der Zubau von Windenergieanlagen als „Verspargelung der Landschaft" wahrgenommen wurde. An Brisanz gewann diese Debatte auch durch die stetig zunehmende Höhe der Anlagen im Zuge technischer Weiterentwicklungen.

Doch nicht nur das Thema war neu, auch die Art und Weise der Planung musste grundlegend korrigiert werden, nachdem das Oberverwaltungsgericht im Jahr 2010 einen Regionalplan aus Brandenburg für unwirksam erklärt hatte. Das beeinflusste die bereits weit fortgeschrittene Arbeit an den Regionalplänen der zweiten Generation gravierend:

„Das hat bei uns insofern eine Schockwelle ausgelöst, weil wir dann unseren fertigen Plan nicht mehr genehmigt bekommen haben. [...] *Wir kommen auch mit einer neuen Planung nicht mehr durch, die eher so ein bisschen an der alten Planung orientiert war. Das heißt also, wir müssen irgendwie anders planen, sagen uns die Gerichte."*

Im Kern wurde für die Windenergiesteuerung ein transparentes methodisches Vorgehen eingefordert, das der Windenergie im Ergebnis substanziell Raum gibt. Das Gericht stellte fest, dass die Festlegung von Eignungsgebieten für die Windenergienutzung anhand eines schlüssigen Planungskonzeptes und einer systematischen, konkret ausdifferenzierten Anwendung von harten und weichen Tabu- sowie Restriktionskriterien zu erfolgen hat (Oberverwaltungsgericht Berlin-Brandenburg, Entscheidung vom 15.09.2010 - 2 A 5.10).

Gleichzeitig stand die Regionalplanung vor der Aufgabe, einen Auftrag aus der Energiestrategie des Landes Brandenburgs aus dem Jahr 2008 umzusetzen. Die neu formulierten Ziele für den Ausbau der Windenergienutzung sahen eine Verdoppelung der Windeignungsgebiete vor. Die Teilnehmenden der Fokusgruppe sahen die Regionalplanung in Brandenburg eher als „Getriebene", die auf bundes- und landesrechtliche Rahmenbedingungen sowie Rechtsprechungen mit neuen planerischen Konzepten reagieren musste.

„Im Sinne von Neuerung allerdings mit Riesenauswirkung [...] – wir wurden im Grunde gezwungen, das war jetzt, würde ich sagen, keine aktive fröhliche Entscheidung der Regionalplaner, sondern eigentlich wurden wir gezwungen zu sagen: ‚Überdenkt euer Konzept, guckt euch die Urteile an.‘ [...] Und das Land will auch mindestens eine Verdoppelung [der Flächen].“

Das Jahr 2010 markierte in der Wahrnehmung der Brandenburger Regionalplanung in vielfacher Hinsicht einen Wendepunkt. In allen Regionen wurden in den folgenden Jahren regionale Energiekonzepte erstellt und zur Umsetzung wurde ein regionales Energiemanagement etabliert. Das Land initiierte und koordinierte diesen Prozess, der beispielsweise in einer stärker aktiven Rolle der Regionalen Planungsgemeinschaften, in einer engeren Zusammenarbeit zwischen den Planungsregionen und letztlich in einem Bedeutungsgewinn für die Regionalplanung mündete:

„Und ich denke mir, ab der Phase hat man dann auch über die Konzepte oder das Energiemanagement auch tatsächlich neu zusammengearbeitet. Und dann arbeiten wir auch für meine Begriffe so das erste Mal alle intensiv informell zum Thema Energiewende. Nur das gab es ja vorher teilweise in den Regionen auch schon, aber dann haben alle fünf gesagt: ‚Okay, das Thema ist jetzt wichtig.‘“

Die Neuerung bezog sich aber auch auf das Selbstverständnis der Regionalplanung, den Bedeutungsgewinn informeller Ansätze und deren Verknüpfung mit der formellen Planung:

„Ja, jetzt die Art und Weise, wie man Regionalplanung versteht. Also das Selbstverständnis von Regionalplanung. In dem Kontext gibt es ja auch immer wieder neue Interpretationen, ob Regionalplanung nur formelle Regionalplanung ist. [...] Also die informellen Prozesse, die über regionale Energiekonzepte oder regionale Entwicklungskonzepte teilräumlich oder eben auch sachbezogen erarbeitet werden. Und sozusagen [...] einen formellen Prozess flankieren durch partizipative Aktivitäten, um regionale Akteure in den Prozess aktiv einzubeziehen, und Kommunen natürlich auch, über informelle Strategien [...].“

Regionalplanung wurde mit dem Ausbau der erneuerbaren Energien und deren räumlichen Auswirkungen immer stärker von der breiten Öffentlichkeit als Akteur wahrgenommen. Die Regionalplanung stand oftmals in der Kritik, was dazu führte, dass sie zunehmend Stellung nahm oder aufgefordert wurde, Stellung zu nehmen. Das setzte andere Formen der Kommunikation voraus, die über die seit Mitte der 2000er Jahre bestehenden formellen Anforderungen an die Öffentlichkeitsbeteiligung hinausgingen.

„Und da stehen dann auch die Bürgerinitiativen oder auch die Kommunalvertreter, die unseren Plan scheußlich finden, und die sagen: ‚So, den habt ihr jetzt noch mal zu vertreten und uns das zu erklären, warum ihr nicht das macht, was wir wollen.‘ Aber insofern ist das eine große Neuerung, dass wir viel kommunikativer geworden sind, als wir das in den Neunzigern und zu weiten Bereichen noch in den Nullerjahren waren.“

Drei Themenbereiche, die in den Augen der Regionalplanung als Innovation zu werten sind, werden im Folgenden vertiefend betrachtet. Im Fokus stehen sowohl die formelle als auch die informelle Seite der Regionalplanung sowie – als querliegender Aspekt – neue Anforderungen an Kommunikation und Öffentlichkeitsarbeit der Regionalplanung.

5.1.2 Erstes Beispiel: Planungskonzepte für Windeignungsgebiete und das Kriterium des Umzingelungsschutzes

Nach der Entscheidung des Oberverwaltungsgerichts Berlin-Brandenburg 2010 mussten die Planungskonzepte für Windeignungsgebiete in der formellen Regionalplanung grundlegend überdacht werden. Die Gemeinsame Landesplanungsabteilung entwickelte zusammen mit den Regionalen Planungsstellen erste Handlungsempfehlungen, um die neue Rechtsprechung für die Planungspraxis handhabbar zu machen. Zunächst ging es darum, einen gemeinsam getragenen Kriterienkatalog als Grundlage für die neuen Planungskonzepte zusammenzustellen. Der Kriterienkatalog umfasst im Wesentlichen die öffentlichen Belange (z. B. Naturschutz, Landschaftsschutz, Artenschutz, Denkmalschutz, Luftsicherheit), die in allen Regionen bei der jeweiligen Planung von Windeignungsgebieten eine wichtige Rolle spielen. Die Regionen können den Katalog ausgestalten und weitere Kriterien hinzufügen, sodass die Planungskonzepte im Detail je nach Gegebenheiten und Planungserfordernissen voneinander abweichen (z. B. Größe, Umfang, Abstände von Windeignungsgebieten).

Der „Umzingelungsschutz" stellt ein Beispiel für die regionalspezifische Ausgestaltung des Kriterienkataloges dar. Dieses Beispiel wurde in der Fokusgruppe Brandenburg ausführlicher erörtert. Das Kriterium dient dazu, ungewollte Härten beim Ausbau der Windenergie zu vermeiden. In zwei Planungsregionen war im Zuge der Windenergieplanung die Situation eingetreten, dass Ortschaften nach den ersten Planungsentwürfen zu etwa 270° von Windenergieanlagen umstellt waren; dies sollte sich nicht wiederholen.

„Wir wussten nur, wir haben ein Wahrnehmungsproblem. Und das müssen wir im Rahmen des von Gerichten vorgegebenen Planungsablaufes, sprich [...] über das Kriteriengerüst bewältigen. [...] Wir brauchen etwas Neues, etwas Innovatives [...]."

„Und es war klar, wir brauchen ein Instrument. Wir müssen ein Instrument haben, das vor Gericht anerkannt werden kann [...]. [Ein] Mindestabstand von fünf Kilometern zum nächsten Windeignungsgebiet funktioniert bei uns nicht. Dann kommen wir einfach nicht auf die Gebietskulisse, die wir brauchen."

Zu einem Zeitpunkt, als der regionalplanerische Wunsch wuchs, Negativbeispiele wie weitestgehend von Windenergieanlagen umzingelte Ortschaften zu verhindern, wurde ein Gutachten zum Umzingelungsschutz aus Mecklenburg-Vorpommern bekannt. Das Gutachten zeigte einen rechtlich gangbaren Weg auf und milderte damit weit verbreitete Rechtsunsicherheiten in Bezug auf die neu zu entwickelnde Planungsmethodik. Entsprechend ging es mit dem Gestaltungskriterium „Umzingelungsschutz" nicht nur um die Schaffung von Rechtssicherheit, sondern auch darum, bei wachsendem Unmut aus der Bevölkerung gegenüber der Windenergienutzung ein Zeichen zu setzen, dass ungewollte Härten planerisch ausgeschlossen werden:

„Die Konflikte haben uns zumindest gezwungen, uns noch mal Gedanken auch über eigene Kriterien und Instrumentarien zu machen. [...] Und das find ich schon bemerkenswert, dass jetzt vonseiten der Planerschaft [...] der Wille entstanden ist, [...] nicht [...] die eigene Gestaltungsfähigkeit völlig aus der Hand zu geben und nur noch [...] den Rechtsvorschriften hinterherzulaufen. [...] Wo wir eigene Kriterien [...] auch entwickeln [...] aus diesen Rechtsvorschriften heraus, ist ein Kreativitätsimpuls entstanden."

Das Vorgehen, den Umzingelungsschutz regionalplanerisch umzusetzen, wurde von den Teilnehmenden durchaus als Neuerung angesehen. Es herrschte aber Uneinigkeit bei den Teilnehmenden, ob es sich um eine brandenburgische Innovation oder um eine Neuerung, die aus Mecklenburg-Vorpommern übernommen wurde, handelt.

Von den Regionalplanern wird die Bedeutung des neuen Kriteriums als politisches Instrument im regionalen Aushandlungsprozess betont:

„Weil [der Umzingelungsschutz] versucht, praktisch dem Vorwurf der Beeinträchtigung der Lebensqualität in der gemeindlichen Entwicklung durch ein – nennen wir es jetzt mal einfach – nachzuvollziehendes und objektiv nachweisbares Instrument abzuhelfen oder hier zu definieren: Wenn ich das Instrument anwende, dann kann ich gesamträumlich diese drohende Beeinträchtigung von Lebensqualität vermeiden. Und gleichzeitig dem Gebot der Privilegierung der Windenergienutzung Rechnung tragen."

Am Beispiel des neuen Kriteriums Umzingelungsschutz zeigt sich anschaulich das Spannungsfeld, in dem sich eine Neuerung bewähren muss, um tatsächlich gelebte Praxis zu werden. Während es bei der Windenergiebranche, die die Rechtmäßigkeit des Vorgehens anzweifelte, auf Ablehnung stieß, erfuhr das Kriterium in der Öffentlichkeit und in den Regionalversammlungen breite politische Unterstützung:

„Momentan, würde ich immer sagen, hilft es uns, hilft uns auch im Planverfahren und in der Außendarstellung; sobald ein OVG-Senat anderer Meinung ist, ist es toxisch."

5.1.3 Zweites Beispiel: Regionales Energiemanagement

Die Erarbeitung von regionalen Energiekonzepten zu fördern und in jeder der fünf brandenburgischen Planungsregionen eine ebenfalls geförderte Stelle eines/einer regionalen Energiemanagers/-managerin einzurichten, geht auf eine Initiative auf Landesebene zurück und stellt einen zentralen Hebel zur Umsetzung der Energiestrategie des Landes Brandenburg dar:

„In dem Fall waren es [...] drei Ministerien, die sich auf ein strategisches Ziel geeinigt haben, dass hier die Plattform Regionalplanung genutzt wird, um ein Energiemanagement und eine partizipative Umsetzung der Energiestrategie des Landes zu unterstützen."

„In dem Fall ist es aber wirklich innovativ, indem die Landesregierung Rot-Rot gesagt hat: ‚Wir wollen nicht nur die Erarbeitung der Konzepte fördern über einen Dienstleister, sondern flankieren praktisch die Erarbeitung mit einem aktiven Regionalmanagement, das auch in den Folgejahren, also RENPlus II, zur Umsetzung beitragen soll.' Und jetzt sind wir mittlerweile bei RENPlus III."

Gefördert werden die Energiekonzepte und das Energiemanagement aus dem Förderprogramm RENPlus des Brandenburgischen Wirtschaftsministeriums. Die Förderung der Personalstellen erfolgt mit einem Anteil von 75%, der Rest ist als Eigenanteil durch die Mitglieder der jeweiligen Planungsregion aufzubringen. Dass dieser Eigenanteil trotz eventueller Diskussionen im Vorfeld bislang immer aufgebracht worden ist, zeugt von der Akzeptanz des regionalen Energiemanagements auf kommunaler Ebene.

Das regionale Energiemanagement erbringt ein breites Leistungsspektrum und deckt Funktionen ab, für die vielen Kommunen die Kapazitäten fehlen: z. B. thematische Inputs zu Schwerpunktthemen (ggf. durch externe Referierende), kontinuierliche Vernetzung, Organisation von Veranstaltungen, das Pflegen von Energiesteckbriefen, neutrale Beratung zu Themen wie Erneuerung der Straßenbeleuchtung, etc.

Die Regionalen Energiekonzepte wurden in allen Planungsregionen durch externe Büros erstellt. Sie enthalten für jede Kommune einen kostenfreien Energiesteckbrief. Energiesteckbriefe sind insofern nicht nur ein wichtiges Monitoring-Instrument, sie sind auch eine bedeutsame faktenbasierte Argumentationsstütze. Damit ist für ganz Brandenburg flächendeckend eine wichtige Datenbasis geschaffen:

„Na, nehmt doch das Thema Energiesteckbriefe. Das ist ja eine Neuerung, die es so nicht gab. [...] Die Kommunen kriegen einmal im Jahr jetzt immer ihre aktuellen Verbrauchsdaten zur Verfügung gestellt, wenn sie wollen. [...] das ist ja in Deutschland einzigartig, [...] dass wir wirklich sagen können, was jede Kommune an Verbrauchsdaten hat."

„Das heißt also, der Steckbrief hat einen Wert für uns, gerade für diese eher [...] faktengesteuerte Diskussion, zu sagen, ja es geht nicht immer nur darum, was zu fühlen, sondern es geht auch mal darum, belegen zu können: ‚Ist das so?'".

Die Erwartung, mit diesem Benchmark würden sich (quasi automatisch) unter den Kommunen ein Wettbewerb und eine stetige Verbesserung der eigenen energiebezogenen Kennwerte einstellen, wurde aber bislang kaum erfüllt.

Mit Blick auf die Zusammenarbeit mit den Kommunen sind die Energiemanager/innen in einer anderen Rolle als ihre Kollegen/Kolleginnen aus der formellen Regionalplanung. Während Letzteren der Ruf als Überbringer schlechter Nachrichten und unerwünschter Vorgaben anhaftet, können die Energiemanager/innen konkrete Angebote formulieren und haben damit oftmals einen leichteren Zugang zu Bürgermeistern/Bürgermeisterinnen.

„Wir haben ja den Vorteil, wenn wir als regionale Energiemanager in der Planungsstelle sitzen, dass wir bei den Kommunen nicht als Regionalplanung selbst gesehen werden. Man weiß, dass uns das Land bezahlt. Und dadurch lässt man uns eher mal reden, als man die Planungsstellen reden lässt […]. [Aber] wir machen schon klar, dass Regionalplanung und regionales Energiemanagement zusammengehören. […] wir sagen, das sind zwei Seiten einer Medaille, also das gehört alles zusammen in irgendeiner Form, auch für das Verständnis. Das heißt, ich erkläre dann auch […], wofür das gut sein kann, wenn wir jetzt über flächenhafte Energiethemen reden, [und] wo sich das in der formellen Planung wiederfindet.“

5.1.4 Drittes Beispiel: Öffentlichkeitsarbeit und Veranstaltungsformate

Kommunikation und Öffentlichkeitsarbeit sind wichtige Aufgaben der Regionalplanung geworden. Diverse neue Kommunikationsformate sind ergänzend zu den gesetzlich vorgeschriebenen Beteiligungsangeboten entstanden, z.B. sind Einwohnerfragestunden in den öffentlich tagenden Gremien der Regionalen Planungsgemeinschaften eingeführt oder Dialogrunden mit Kommunen etabliert worden. Neue Veranstaltungsformate sind wichtig für mehr Transparenz und Akzeptanz der Windplanung geworden; sie führen aber gleichzeitig zu einem Mehraufwand. Es geht dabei auch darum, die Regionalplanung gegenüber den Kommunen und der Öffentlichkeit zu erklären:

„[…] über die Presse, über öffentliche Veranstaltungen, [wollen] wir […] vor allem den Kommunen die Möglichkeit geben, ihren Bürgern, die dort Sturm laufen, Informationen zu geben, [die] eben nicht von einer Windfirma kommen. Auch nicht von einer Windfirma bezahlt werden. Und dass wir auch nicht verantwortlich sind für den Ausbau der Windenergienutzung, sondern dass wir einfach im Sinne auch der Kommunen zur Steuerung der Windenergienutzung beitragen. Und dass das nicht losgelöst von allen Regeln und schon gar nicht willkürlich erfolgt, sondern dass es da einen Rechtsrahmen gibt und ganz feste, verankerte Richtlinien und Planungsvorgaben gibt […]. Und dass es eben nicht um Verhinderung geht […].“

Aber auch die formellen Verfahren sind aufwendiger geworden:

„Dann haben wir wie gesagt den Rechtsrahmen, das öffentliche Beteiligungsverfahren mit der Folge, dass 90 Prozent, nein 900 Prozent mehr Stellungnahmen kommen. […] 93 Prozent unserer knapp 1.800 Stellungnahmen kommen aus der Öffentlichkeit.“

Hinzu kommen die Aktivitäten der regionalen Energiemanager, die insgesamt durch eine größere Vielfalt an Veranstaltungen geprägt sind. Die Veranstaltungen der Energiemanager sind kurzfristiger, bieten andere Formate für verschiedene Akteure und weisen eine größere thematische Mischung auf als klassische Veranstaltungen der Regionalplanung. Die Energiemanager unterstützen die Vernetzung von Akteuren, eröffnen Möglichkeiten für einen regelmäßigen Austausch und stoßen Energieprojekte an.

„Im Sinne von Innovation ist natürlich die Umsetzung der Energiekonzepte [durch] eine größere Vielfalt an Veranstaltungsformaten [zu nennen]. Wir haben ja sonst nur in den formellen Planungsprozessen [...] bestimmte Veranstaltungsformate, die [...] formalisiert sind und die jeder kennt. Und bei der Umsetzung der Energiekonzepte sind andere Veranstaltungsformate dazugekommen. Auch zu unterschiedlichen Zeitpunkten, auch kurzfristig, je nachdem, wie Themen aufploppen. Auch für andere Akteure oder andere Zielgruppen [...].“

Regelmäßige Treffen zwischen Kommunen zu Energiethemen sind inzwischen anerkannt und werden gut besucht. Das Interesse an einem Erfahrungsaustausch ist groß:

„[...] der Austausch, die Erfahrung, die die anderen Kommunen noch nicht haben, der ist so groß, dass wenn wir sozusagen die Tagesordnung abgearbeitet haben mit den ganzen Referenten, dann kann ich praktisch aus der Tür gehen und die Teilnehmer bleiben noch eine Stunde da. Weil sie so viel miteinander zu bereden haben und sagen: ‚Wir kommen ansonsten nie zusammen, in der Runde gibt es das Format nicht oder gab es noch nie, weil eben kein Kümmerer da ist.‘“

Regionales Energiemanagement kann auch wichtige Datengrundlagen und damit Unterstützung für die Regionalplanung bei der Kommunikation nach außen bieten:

„Was ich sehr wichtig fand, war im Grunde, dass ihr [das regionale Energiemanagement] Fakten geliefert habt. Weil auch Planung [...] ständig mit Alternativvorschlägen, auch Alternativbehauptungen konfrontiert wird. [...] Aber wenn man das hochrechnet, wie viele Dachanlagen brauchen wir denn, um das zu ersetzen, was die 700 Windanlagen produzieren [...] Das reicht gar nicht [...].“

5.1.5 Fazit zur Innovationsfähigkeit der Regionalplanung

Zum Schluss des Fokusgruppengesprächs wurden die Teilnehmenden um eine Einschätzung gebeten, ob sie rückblickend und aus der Diskussion heraus die Regionalplanung im Umgang mit der Energiewende in Brandenburg als innovativ einschätzen würden.

„Ich würde sagen: ‚Ja, aber von außen gezwungen.‘ [...] Da kenne ich andere Institutionen und auch andere, die einen anderen Innovationspush haben. Das würde ich uns nun gar nicht so sehr ans Revers heften. Aber ich denke, wir sind im Grunde durch ziemlich handfeste Konflikte gezwungen worden, uns zu überdenken und auch zu reagieren. Und das hat aber dazu geführt, dass wir tatsächlich auch Neuerungen angefasst haben.“

Die Innovationsnotwendigkeit ergebe sich aus der Schnelllebigkeit der Entwicklungen und den daraus resultierenden Raumnutzungsansprüchen:

„Auch was technologische Innovationen [...], was Partizipationserfahrung und Medien, ob das jetzt Internet, soziale Netzwerke [...] und neue globale Herausforderungen anbetrifft, muss Regionalplanung, um sich selber auch zu rechtfertigen, [...] innovativ sein."

Aus den Aussagen kann geschlossen werden, dass die Notwendigkeit der Steuerung der Energiewende zu einem Bedeutungsgewinn für die Regionalplanung in Brandenburg geführt hat. Dabei sind nicht nur die Innovationen für sich zu betrachten – die häufig von außen angestoßen worden sind –, sondern auch das Wechselspiel zwischen ihnen. Insbesondere das Zusammenwirken zwischen formeller Regionalplanung und dem regionalen Energiemanagement in Brandenburg ist dabei interessant. Inzwischen sprechen die Vertreter beider Seiten von einem „wunderbaren Doppelspiel". Es bietet neue Berührungspunkte insbesondere mit dem Wirtschafts- und Umweltministerium und führte bei allen Konflikten in der öffentlichen Wahrnehmung zum Thema Windenergie auch zu einer größeren Sichtbarkeit der Regionalplanung in der Kommunal- und Landespolitik. Zudem eröffnete das Energiemanagement neue Möglichkeiten der Kommunikation und Öffentlichkeitsarbeit.

„Das heißt eigentlich, die ganzen Folgen der Energiewende für die räumliche Planung waren [...] auch so ein Auslöser, dass sich die Regionalplanung selbst etwas innovativer aufstellen muss, also gemerkt hat, der klassische Weg funktioniert nicht mehr."

„Das Thema Energie war ein Innovationsmotor für die Regionalplanung in Brandenburg: Wir zeigen am Beispiel der Energiewende, dass es möglich ist, innovativ zu handeln, wenn die Rahmenbedingungen aus Potsdam stimmen."

5.2 Fokusgruppe Mecklenburg-Vorpommern

Die Fokusgruppendiskussion fand am 31. März 2017 im Amt für Raumordnung und Landesplanung in Rostock statt. An der Diskussion nahmen vier Mitarbeiterinnen und Mitarbeiter der Landesverwaltung teil, die in den regionalen Raumordnungsbehörden mit Aufgaben der Regionalplanung befasst waren. Ein weiterer Teilnehmer arbeitete als Gutachter und Berater im Energiebereich. Die Mehrzahl der Teilnehmenden war seit vielen Jahren in ihrem Arbeitsfeld tätig.

5.2.1 Innovative Ansätze in der Wahrnehmung der Teilnehmenden der Fokusgruppe

Alle vier Regionalen Planungsverbände in Mecklenburg-Vorpommern arbeiteten an einer Teil-Fortschreibung ihrer Raumentwicklungsprogramme im Bereich Energie, die zum Zeitpunkt der Diskussion im Jahr 2017 bereits einige Jahre andauerte. Da der Schwerpunkt auf der Flächenbereitstellung für Windenergieanlagen lag, war auch die Diskussion stark von den Problemen der Windenergienutzung und ihrer regionalplanerischen Steuerung geprägt. Zunächst wurde deutlich, dass die Vertreter der Planungs- und Verwaltungspraxis den Begriff der „Innovation" im Zusammenhang mit ihrer eigenen Arbeit als fremd und ungewohnt empfinden:

„Viel Innovatives steckt da im Grunde genommen nicht drin."

Dennoch waren sich die Teilnehmenden darin einig, dass die in Mecklenburg-Vorpommern sehr frühzeitig eingeführte planerische Steuerung der Windenergienutzung und der dafür auf Bundesebene in den 1990er Jahren geschaffene rechtliche Rahmen wesentliche Veränderungen in der Praxis der Regionalplanung bewirkt haben.

„Aufgrund der Attraktivität als Windstandort hat [Mecklenburg-Vorpommern] natürlich auch einen besonderen Problemdruck. Und ein besonderer Problemdruck erzeugt Lösungsbedarf. Es gibt eine Reihe von Dingen, die hier aufgrund des Problemdrucks zuerst in die Diskussion und in die Anwendung gekommen sind und wo das Land auch Vorreiter ist."

Neben den von außen – durch Gesetzgebung und Rechtsprechung auf Bundesebene – angetriebenen Veränderungen wurde über einige landes- bzw. regionsinterne Ansätze und Ideen diskutiert, die im weitesten Sinne als Innovation angesehen werden können. Das Spektrum reichte von der inhaltlichen Weiterentwicklung von Planungskriterien (z. B. der Berücksichtigung der Umstellungswirkung von Windparks auf Ortschaften) über die praktische Anwendung von Planvorschriften (z.B. Ausnahmen von Zielen der Raumordnung für Forschungs- und Entwicklungsvorhaben) bis zur Weiterentwicklung von Verfahrenskonventionen. Dabei wurden auch die Grenzen deutlich, die der Einführung von Neuerungen (z.B. bei der Nutzung elektronischer Kommunikationswege) durch verfahrensrechtliche Vorschriften gesetzt sind:

„Da haben wir dann Juristen gefragt, und die haben gesagt: ‚Nein, das geht nicht. Das lasst ihr mal.'"

Im Zusammenhang mit technischen Innovationen stehen auch die besonderen Regelungen für Windenergieanlagen, die Forschungs- und Erprobungszwecken dienen. Für solche besonderen Zwecke sind in den Regionalen Raumentwicklungsprogrammen Ausnahmeregelungen verankert, die in Einzelfällen eine Zulassung von Windenergieanlagen auch außerhalb der verbindlich festgelegten Eignungsgebiete erlauben. Ein Teilnehmer beschrieb die praktische Anwendung dieser Regelungen und die früher damit verbundenen rechtlichen Unsicherheiten. In einer Region ist die Weiterentwicklung zu einer gezielten Standortvorsorge für solche Vorhaben durch Festlegung besonderer Eignungsgebiete geplant:

„Das wäre tatsächlich Neuland, was wir damit betreten, wo dann wieder viele Leute sagen werden: ‚Das dürft ihr eigentlich gar nicht, als Regionalplaner jetzt noch spezifische Zweckbestimmungen erfinden, was in so einem Eignungsgebiet errichtet werden darf und was nicht.'"

Obwohl für mehrere Planungsregionen regionale Energiekonzepte vorliegen, kamen diese in der Diskussion kaum zur Sprache. Inwieweit diese informellen Konzepte über die verbindlichen Raumentwicklungsprogramme hinaus eine Steuerungswirkung entfalten, wurde nicht näher erörtert. Eine Rückkopplung zwischen formeller und informeller Planung findet jedoch statt:

„Wir machen anhand der Energiekonzeption eine Plausibilitätsbetrachtung: Wie viel Fläche haben wir? Was könnte da theoretisch an Windrädern stehen? Wie viel Strom? Dann schauen wir: Was steht als Ziel für Windenergie an Land in der Energiekonzeption? Bis jetzt können wir das ungefähr erreichen. Das ist natürlich auch immer eine Frage des Berechnungsmaßstabs. Aber in der Größenordnung, um das zu erreichen, bewegen wir uns."

Einige Teilnehmende der Fokusgruppe rechnen für die nächsten Jahrzehnte mit wesentlichen Fortschritten in der Technik der Energiegewinnung. Es sei daher fragwürdig, energiewirtschaftliche Bedarfsrechnungen und Ausbauziele nur am heutigen Stand der Technik festzumachen. In diesem Zusammenhang wurden die energiepolitischen Ziele des Landes Mecklenburg-Vorpommern und ihre Bedeutung für die Regionalplanung erörtert: Ein Teilnehmer wies darauf hin, dass man sich in Mecklenburg-Vorpommern im Vergleich zu Brandenburg bei der Bestimmung quantitativer Ziele für den Ausbau der Windenergienutzung sehr zurückgehalten habe – und es sei darüber hinaus fraglich, ob diese Ziele mit der laufenden Fortschreibung der Regionalen Raumentwicklungsprogramme überhaupt erreicht würden. Die Mehrheit der Teilnehmenden maß allerdings energiepolitischen Zielen keine herausgehobene Bedeutung für die Regionalplanung bei. In der Hauptsache gehe es darum, den rechtlich definierten Mindestanforderungen zu entsprechen:

„Am Anfang haben viele noch gesagt: ‚Oh, das ist die letzte Chance der Entwicklung des ländlichen Raumes in Mecklenburg-Vorpommern.' Das wurde 2012 noch von einem [regionalen Funktionsträger] postuliert. Heute sagt er: ‚Bleibt mir vom Acker. Das sind nach wie vor Geldanlageobjekte für Leute, die ganz woanders sitzen. Und die Region hier hat nichts davon.' Das mag in Rostock etwas Anderes sein, wo die Windenergieunternehmen alle sitzen. Also politisch ist das bei uns verbrannt, auf regionaler Ebene. Und deswegen bin ich auch froh, dass [...] ich dann solchen frustrierten Politikern sagen kann: ‚Gesetz, Bundesgesetz. Ja? Wir haben der Windenergie substanziell Raum zu geben, Punkt.'"

Die Regeln und Verfahrensweisen der formellen Regionalplanung werden von den Teilnehmenden als weitgehend vorgegeben angesehen und nicht grundsätzlich infrage gestellt. Inwieweit alle diese Regeln zweckmäßig und zeitgemäß sind, wurde nicht umfassend erörtert. In einzelnen Äußerungen wurde jedoch Unbehagen an den sehr langen Planungszeiten bei der laufenden Fortschreibung der Regionalen Raumentwicklungsprogramme deutlich. Dabei seien die Verzögerungen zum Teil auch selbst gemacht:

„Es gibt noch so einige bürokratische Umständlichkeiten, die wir [in den Planungsverfahren] mitschleppen, was eigentlich nicht mehr so richtig seine Berechtigung hat. Ich glaube schon, dass man da noch Änderungen herbeiführen muss in den nächsten Jahren."

Als Beispiel wurden die sehr breit angelegten und zeitaufwendig gestalteten Verfahren der Behörden- und Öffentlichkeitsbeteiligung genannt, deren Umfang weit über den der tatsächlich berührten Belange und Interessen hinausreiche. Andere Teilnehmende scheinen dagegen ein gewisses Maß an über-obligatorischem Verfahrensaufwand als durchaus zweckmäßig anzusehen, um sich von vornherein gegen jegliche Anwürfe wegen vermeintlicher Verfahrensfehler abzusichern. Gerade beim umstrittenen Thema Windenergie sei eine betont konservative Verfahrensweise angeraten. Um Neuerungen in den Planungsverfahren einzuführen, sei dies das falsche Versuchsfeld:

„Wenn wir dann die Vorbehaltsgebiete Landwirtschaft fortschreiben, da können wir das machen, ja? Da tut es keinem weh. Aber bei der Windenergie würde ich das jetzt nicht gerade als Testballon steigen lassen. Denn das wird auf alle Fälle beklagt.“

Die Diskussion machte deutlich, dass innerhalb des rechtlichen Rahmens ein Innovationsspielraum durchaus gegeben ist und dass sich die Regionalplaner/innen auch selbst in der Verantwortung sehen, die Verfahrensweisen an neue Entwicklungen und Rahmenbedingungen anzupassen.

Drei beispielhafte Regelungen und Verfahrensweisen, welche die Teilnehmenden im weitesten Sinne als innovativ bezeichnet haben, wurden auf Nachfrage der Moderatoren ausführlicher erörtert und sind im Folgenden wiedergegeben.

5.2.2 Erstes Beispiel: Eignungsgebiete in der Regionalplanung

Die vor mehr als zwanzig Jahren erfolgte Einführung der Eignungsgebiete in das Raumordnungsrecht und die damit verbundenen Änderungen im Baugesetzbuch stellten aus Sicht der Teilnehmenden eine wesentliche Innovation im Planungssystem dar. Bei der praktischen Anwendung habe Mecklenburg-Vorpommern eine führende Position eingenommen.

„Wir waren sozusagen die ersten, die das dann auch in der Regionalplanung tatsächlich umgesetzt haben.“

Bezüglich der eigenen Rolle in diesem Innovationsprozess – also des Beitrages der Planungsbehörden auf regionaler Ebene – wurden jedoch Differenzen in der Selbstwahrnehmung zwischen einzelnen Teilnehmenden der Fokusgruppe deutlich. Während einerseits Teilnehmende ihre Rolle überwiegend als passiv-reagierend beschrieben, wurde andererseits das aktive Vorantreiben der Entwicklung durch einzelne Personen hervorgehoben:

„Es kam eben nicht nur von oben. Bei uns in der Region waren das auch einzelne Leute in der Verwaltung, die das Thema wichtig fanden und in den neunziger Jahren angefangen haben, diese Voruntersuchungen [zur Festlegung von Eignungsgebieten] anzuschieben.“

Die Unterschiede in der Selbstwahrnehmung wurden ebenfalls bei der Diskussion über den Einfluss der Rechtsprechung auf die Regionalplanung deutlich:

Teilnehmer A: „Inzwischen hat sich ja über die Jahre hinweg die Rechtsprechung so weit entwickelt, dass im Grunde genommen das Bundesverwaltungsgericht klar gesagt hat, wie das jetzt in der Regionalplanung abzulaufen hat. [...] *Insofern sehe ich eigentlich bei der Windenergie auch gar keine besonderen Innovationen, die wir noch erfinden können als Regionalplaner.* [...] *Wir haben schlichtweg dieses Gerichtsurteil umzusetzen."*

Teilnehmer B: „Ich sehe das gar nicht so, dass das besonders stark verrechtlicht wäre. [...] *Die* [*Gerichte*] *haben eine Reihe von Urteilen gefällt, die eigentlich Selbstverständlichkeiten klargestellt haben: Dass für die Regionalplanung das gilt, was für andere förmliche Planungen auch gilt, dass man Entscheidungsprozesse und Alternativen nachvollziehbar macht, keine politischen Willkürentscheidungen trifft, dass alles sachlich gerechtfertigt sein und auf einer Abwägung beruhen muss."*

In diesem Sinne wären die von der Rechtsprechung angetriebenen Veränderungen als nachholende Innovation zu verstehen, mit der sich die Regionalplanung an Anforderungen ausrichtet, die bei anderen Planungsverfahren mit hohem Verbindlichkeitsgrad schon traditionell als selbstverständlich gelten. Einig waren sich die Teilnehmenden letztlich darin, dass diese Klarstellung rechtlicher Mindestanforderungen an den Planungs- und Abwägungsprozess die Position der verbindlichen Regionalplanung gestärkt hat:

„Das Innovative ist vielleicht, dass wir durch dieses Gerichtsurteil angehalten sind, das sehr stringent zu dokumentieren, was wir da machen, und genau dieses Verfahren auch einzuhalten. Das hat uns ein bisschen die Freiheiten genommen, die wir davor hatten – [...] *was aber auch gut ist gegenüber politischen Wünsch-Dir-Was-Vorstellungen. So ein regionaler Planungsverband ist ja ein politisches Gremium, da sitzen ja nicht die Philosophen, die Weisen herum, sondern demokratisch gewählte Politiker. Und denen dann auch mal wieder den Zahn zu ziehen und zu sagen ‚Nein, also Wünsch-Dir-Was ist hier nicht.'* [...] *Da bin ich durchaus dankbar, dass wir dann immer dieses Bundesverwaltungsgerichtsurteil hochhalten können. Das ist vielleicht das, was ich in 25 Jahren Regionalplanung noch nie so stringent erlebt habe."*

5.2.3 Zweites Beispiel: Informelle Vorabbeteiligung der Gemeinden

Der zweite Aspekt, der ausführlicher diskutiert wurde, war die frühzeitige Beteiligung der Gemeinden an der Planerarbeitung. Im Rahmen der aktuellen Fortschreibung der Regionalen Raumentwicklungsprogramme hat einer der vier Planungsverbände bereits vor dem eigentlichen Beteiligungsverfahren eine informelle Vorabbeteiligung der Gemeinden durchgeführt, um diese so früh wie möglich in die Planung einzubeziehen. Damit wurde die Absicht verfolgt, die Transparenz und Akzeptanz der Planung zu erhöhen und möglichst schon zum Beginn der förmlichen Öffentlichkeitsbeteiligung eine verfestigte Auswahl von Eignungsgebieten für Windenergieanlagen zu präsentieren.

Zu diesem Zweck wurden eine Vorauswahl potenzieller Eignungsgebiete sowie die dieser Auswahl zugrunde liegenden Kriterien in den Gemeindevertretungen zur Diskussion gestellt. Dieser Ansatz einer informellen Vorabbeteiligung ist im Prinzip nicht neuartig, entsprach jedoch zu diesem Zeitpunkt nicht der üblichen Praxis bei der Planung von Eignungsgebieten für Windenergieanlagen in Mecklenburg-Vorpommern. In diesem Fall wurde die erhoffte Wirkung nicht erreicht:

„Das war nicht im Sinne von Bürgerbeteiligung, sondern man hat es in die Gremien hineingetragen. [...] Das war total ergebnisoffen: ‚Was wünscht ihr euch? Was wollt ihr?' [...] Es kam viel Kritik und vieles wurde zerredet. [...] Eigentlich kam nichts dabei heraus – außer, dass man Zeit verloren hat und dass man die Leute eher verärgert hat."

Dass die Durchführung von Planspielen sowie die Erörterung von Kriterien, Szenarien und Planungsalternativen unverzichtbare Bestandteile der Entwurfsvorbereitung sind, wurde von den Teilnehmenden nicht infrage gestellt. Ob es zweckmäßig sei, bei solchen konzeptionellen Vorarbeiten bereits die Öffentlichkeit oder die Gemeinden einzubeziehen, wurde unterschiedlich beurteilt: Ein Teilnehmer riet dezidiert davon ab, weil damit – zumindest beim Thema Windenergie – falsche Erwartungen bezüglich der bestehenden Entscheidungsspielräume und Mitspracherechte geweckt würden. Ein anderer Teilnehmer hielt eine sehr frühzeitige Einbeziehung der Bürgerschaft im Rahmen öffentlicher Diskussionsveranstaltungen für prinzipiell möglich, wenn diese gründlich vorbereitet würden.

„Man muss da natürlich mit konkreten Vorschlägen reingehen."

Allerdings müssten Aufwand und Nutzen gegeneinander abgewogen werden. Nach seiner Erfahrung sei der planerische Erkenntnisgewinn aus solchen offenen Veranstaltungen in der Regel gering. Auch könne nicht davon ausgegangen werden, dass solche Beteiligungsformen in jedem Fall zur besseren Akzeptanz der Planung beitragen würden.

5.2.4 Drittes Beispiel: Wirtschaftliche Teilhabe von Bürgern und Gemeinden

Neuland beschreitet Mecklenburg-Vorpommern mit einem 2016 in Kraft getretenen Gesetz, das den Bürgerinnen und Bürgern sowie den Gemeinden vor Ort eine Teilhabe an den Erträgen von Windenergieprojekten ermöglicht. Dieser Ansatz – nach dänischem Vorbild – ist insofern neu, als es vergleichbare Regelungen in anderen Bundesländern zu diesem Zeitpunkt nicht gab. Die Teilnehmenden waren sich darin einig, dass der Erfolg dieses Gesetzes zum Zeitpunkt der Durchführung der Fokusgruppe noch nicht bewertet werden konnte, da es noch nicht genügend konkrete Anwendungsfälle gab. Bezüglich maßgebender Beweggründe des Gesetzgebers – insbesondere der Förderung der öffentlichen Akzeptanz von Windparkvorhaben – herrschte jedoch Skepsis bei den Teilnehmenden vor:

„Das ist eher Wunschdenken."

Vonseiten der Bürgerschaft bekomme man dazu bislang kaum positive Rückmeldungen:

„Das kommt eher hämisch, nach dem Motto: ‚Uns stört der Windpark sowieso schon. Da werfen wir doch nicht noch unsere letzten Ersparnisse rein, um diesen Frevel zu unterstützen.'"

Ähnliche Bedenken wurden auch mit Blick auf die Gemeinden geäußert:

„Also ich spüre das noch nicht, dass es [...] für eine erhöhte Akzeptanz sorgt. Auf mich ist noch keine Gemeinde zugekommen und hat gesagt: Wir wollen unbedingt ein Eignungsgebiet vor unserer Haustür haben, weil wir [...] von diesem Beteiligungsgesetz profitieren wollen. Das ist mir noch nicht vorgekommen."

Klarstellend wurde hinzugefügt, dass es durchaus Gemeinden gebe, die sich darum bemühten, dass auf ihrem Gebiet ein Windpark entstehen kann. Die Motivation für solche Bemühungen entspringe jedoch kaum den speziellen Beteiligungsregelungen des Gesetzes, sondern dem wirtschaftlichen Nutzen, den eine Gemeinde auch ohne diese Regelungen an einem Windpark erzielen könne.

Ein Teilnehmer bezeichnete das Gesetz als prinzipiell richtig – es komme aber zu spät. Wenn es fünf Jahre früher in Kraft getreten wäre, hätte das Gesetz sicherlich eine positive Wirkung entfalten können. Eine Teilnehmerin verwies dagegen auf eine Untersuchung, wonach Bürgerinnen und Bürger mit gefestigter Ablehnungshaltung gegen die Windenergienutzung auch durch wirtschaftliche Anreize nicht umgestimmt werden könnten. Ein weiterer Teilnehmer befürchtete, dass die Diskussionen um das Beteiligungsgesetz der öffentlichen Akzeptanz eher geschadet als genützt hätten: Den Menschen werde geradezu eingeredet, dass mit dem Betrieb von Windparks hohe „Belastungen" für die Anwohner verbunden seien, wofür diese dann „entschädigt" werden müssten. Vergleichbare Argumente gebe es bei anderen Vorhaben mit Umweltauswirkungen nicht.

5.2.5 Fazit zur Innovationsfähigkeit der Regionalplanung

Im Ergebnis der Diskussion bestand ein weitgehender Konsens unter den Teilnehmenden, dass sich die regionalplanerische Steuerung der Windenergienutzung in Mecklenburg-Vorpommern gut bewährt habe:

„Das ist ein sehr positives demokratisches Element, weil es eben die kommunal verfassten Regionalen Planungsverbände sind. Ich halte das für sehr gut geregelt hier im Land Mecklenburg-Vorpommern, dass es nicht auf der Flächennutzungsplanebene stattfindet. Weil wir viele kleine Gemeinden haben mit ehrenamtlichen Bürgermeistern, mit Gemeindevertretungen, wo sehr schnell auch immer festzustellen ist, wer da wie befangen ist."

Auch sei es auf diese Weise gelungen, größere Teile des Landes, die für den Tourismus oder den Natur- und Landschaftsschutz eine besondere Bedeutung haben, von Windparks freizuhalten. Bezüglich des Selbstverständnisses der Regionalplaner/innen wurde deutlich, dass sie sich relativ starren Regeln unterworfen sehen, die zwar einerseits den Spielraum zum Ausprobieren und Einführen von Neuerungen begrenzen, andererseits aber auch Vertrauen und Verlässlichkeit herstellen:

„Man muss ja auch sehen, dass Raumplanung eigentlich fast definitionsgemäß ein System ist, das gegenüber Veränderungen vergleichsweise resistent ist, auch sein muss. Man kann nicht alle fünf Minuten Planungsverfahren ändern, da kommt man ja in Teufels Küche."

Ebenso lässt sich festhalten, dass Planungsinhalte und Verfahren innerhalb dieses Systems auch fortentwickelt und Spielräume aktiv ausgenutzt werden, wenn die handelnden Personen entsprechende Erfordernisse erkennen.

5.3 Diskussion der beiden Fokusgruppen: Innovationen im Planungssystem?

Der vorangeschrittene Ausbau der Windenergie im Rahmen der Energiewende in Brandenburg und Mecklenburg-Vorpommern brachte auch in der Einschätzung der in den Regionen Handelnden eine Reihe von Innovationen im Planungssystem auf regionaler Ebene hervor. Die Forschungsstrategie der Arbeitsgruppe war es, relevante Innovationen durch Akteure der formellen und informellen Regionalplanung in Brandenburg und Mecklenburg-Vorpommern benennen und diskutieren zu lassen, anstatt diese allein aus Perspektive der Forschung „von außen" zu identifizieren. Dieses Kapitel des Forschungsberichtes diskutiert und typisiert die Ergebnisse mithilfe der in Kapitel 2 erarbeiteten Forschungsperspektive der Innovationsforschung.

Für die meisten Teilnehmenden der Fokusgruppendiskussionen war der Begriff „Innovation" nicht unbedingt eingängig. Während zunächst viele verschiedene Entwicklungen im Felde der Windenergieplanung, sei es auf Bundes- oder Landesebene, als „innovativ" bezeichnet wurden, zeichneten sich erst im Laufe der Diskussionen als „innovativ" zu bezeichnende Neuerungen auf der regionalplanerischen Ebene ab. In beiden Fokusgruppen wurde darüber hinaus anerkannt, dass die meisten als „Innovationen" benannten Entwicklungen nicht zwangsläufig ihren Ursprung rein auf der regionalplanerischen Ebene hatten. Die landesministerielle Ebene sowohl in Brandenburg als auch in Mecklenburg-Vorpommern wurde als zentraler Akteur beispielsweise bei der Einführung des regionalen Energiemanagements in Brandenburg oder bei der wirtschaftlichen Teilhabe von Bürgern/Bürgerinnen und Gemeinden in Mecklenburg-Vorpommern genannt. Dies heißt jedoch nicht, dass die Regionalplanung in den beiden Bundesländern als ein bloßes Ausführungsorgan innovativer Ideen der ministeriellen Ebene betrachtet wurde, und umgekehrt auch nicht, dass die Regionalplanung als besonders innovativer Akteur die Landesplanung vor sich hertreiben würde. Vielmehr zeigt sich ein Wechselspiel von innovativen Ideen auf der Landesebene und in der Regionalplanung, das bei jedem der genauer betrachteten Beispiele anders ausfällt.

In den Diskussionen kam zudem die Frage auf, wie „innovativ" die Regionalplanung eigentlich sein muss oder darf. Es wurde angemerkt, dass eine wesentliche Aufgabe der Regionalplanung sei, verlässliche Strukturen, Verfahren und Entscheidungen für die Windenergieplanung bereitzustellen. Diese sollten auch längerfristig gelten und nicht durch überzogene „Innovationsfreudigkeit" zu kurzen Planungshorizonten und unsicheren Rahmenbedingungen führen. Der Anspruch an die Regionalplanung, einerseits dynamisch zu sein, andererseits lange Planungshorizonte zu ermöglichen, wurde daher als mögliches Konfliktfeld erwähnt.

Die Frage nach dem Selbstverständnis als innovativer Akteur ist besonders relevant, weil sie die generelle Frage berührt, ob in Verwaltungen und in staatlichen bzw. kommunalen Organisationen Innovationen überhaupt möglich sind. Die diesbezügliche Skepsis der Wissenschaft, die wir in Kapitel 3 dokumentiert haben, spiegelte sich auch in den Selbsteinschätzungen der Teilnehmenden der Fokusgruppen. Allerdings zeigten sich, insbesondere in der Fokusgruppe Brandenburg, auch Möglichkeiten, den Begriff der „Innovation“ in positiver Weise auf das eigene Handeln zu beziehen. Während hier zu Beginn noch große Zurückhaltung vorherrschte, gelang es zum Ende der Fokusgruppe hin, den Begriff und seine Implikationen in reflektierter Weise aufzugreifen. Dies geschah in beiden Fokusgruppen in unterschiedlichem Ausmaß, ohne aber die Restriktionen außer Acht zu lassen, die darin begründet sind, dass Verwaltungshandeln per se nicht nur innovativ sein darf, weil hier Rechtssicherheit und Verlässlichkeit gewahrt werden müssen.

In Kapitel 3 haben wir drei Kategorien von Innovationen im Handlungsfeld der regionalen Steuerung der Energiewende herausgearbeitet: Innovationen auf Landes-, Bundes- und EU-Ebene, Innovationen auf der regionalen Handlungsebene sowie technische Innovationen. Die von den Teilnehmenden der Fokusgruppendiskussionen näher erörterten Phänomene können alle den ersten beiden Kategorien zugeordnet werden, wobei in der ersten Kategorie Neuerungen auf Bundes- und EU-Ebene keine explizite Rolle spielen. Dies verwundert kaum, sind doch die Handlungsspielräume der auf der regionalen Ebene Planenden nicht bei der technischen Ausgestaltung der Energiewende, aber in der Mehrebenen-Governance im Planungssystem am ehesten auf der regionalen Ebene zu verorten, wobei die Zusammenarbeit mit der Landesebene jeweils konstitutiv ist. Es zeigen sich hierbei die folgenden Innovationstypen (siehe Tabelle 3).

> Zum Ersten wurde den externen Rahmenbedingungen der Regionalplanung ein hoher Stellenwert für Innovationen auf regionalplanerischer Ebene eingeräumt. Vor allem die Landesebene wurde als wichtiger Akteur für die Initiierung wichtiger Innovationen auf Ebene der Regionalplanung bezeichnet. Dies betrifft beispielsweise die flächendeckende und zeitgleiche Erarbeitung von regionalen Energiekonzepten in Verbindung mit der Einführung des regionalen Energiemanagements in Brandenburg oder die gesetzliche Ausgestaltung der wirtschaftlichen Teilhabe von Bürgern/Bürgerinnen und Gemeinden in Mecklenburg-Vorpommern. Beide können als „Landesinnovationen“ gekennzeichnet werden.

> Der zweite Innovationstyp betrifft solche neuartigen Phänomene, die in Mehrebenen-Zusammenarbeit von Land und Regionen entstanden sind. Zu nennen sind hier zunächst die Einführung von Eignungsgebieten als neues Planungsinstrument (in den 1990er Jahren) in Mecklenburg-Vorpommern und die Weiterentwicklung der Planungskonzepte für Windeignungsgebiete auf Basis einer neuen Rechtsprechung sowie ergänzende Kriterien, wie der Umzingelungsschutz in einigen Planungsregionen sowohl in Mecklenburg-Vorpommern wie in Brandenburg.

> Schließlich sind drittens prozedurale Neuerungen zu erkennen, deren Ursprung und Umsetzung vor allem auf der regionalen Ebene zu finden sind, wie beispielsweise die Einführung neuer Veranstaltungs- und Kommunikationsformate in Brandenburg oder die informelle Vorabbeteiligung von Gemeinden in Mecklenburg-Vorpommern. Hierbei spielt insbesondere die Kooperation mit anderen regionalen Akteuren (Kommunen, Unternehmen etc.) eine bedeutsame Rolle.

Bundesland	**Innovationstyp „Landesinnovation"**	**Innovationstyp „Kollaborative Innovation zwischen Land und Region"**	**Innovationstyp „Regionale Innovation"**
Brandenburg	Regionale Energiekonzepte und Regionales Energiemanagement	Planungskonzepte und Planungskriterien (z.B. Umzingelungsschutz)	Öffentlichkeitsarbeit und Veranstaltungsformate
Mecklenburg-Vorpommern	Wirtschaftliche Teilhabe von Bürgern und Gemeinden	Eignungsgebiete der Regionalplanung	Informelle Vorabbeteiligung der Gemeinden

Tab. 3: Typisierung der diskutierten Phänomene als Innovationen

Diese Typisierung dient vor allem dazu, die Ergebnisse der Fokusgruppendiskussionen zu diskutieren und verschiedene Typen von Innovationen sichtbar zu machen. Dabei muss beachtet werden, dass die Abgrenzung der drei Typen fließend ist. Im Folgenden sollen nun die sechs genannten Beispiele für Neuerungen auf Ebene der regionalen Steuerung der Energiewende anhand der von der Arbeitsgruppe in Kapitel 3 herausgearbeiteten Kriterien der Analyse von Innovationen diskutiert werden.

Auslöser/Treiber: Treiber der Innovationen waren jeweils unterschiedliche Anlässe. Im Falle des Umzingelungsschutzes ging es darum, eine objektive Verbesserung in den Planresultaten zu erzielen, um künftig Negativbeispiele wie die weitestgehend von Windenergieanlagen „umzingelten" Ortschaften zu verhindern. Letztlich zielt dies also auf eine Planung, die nicht nur rechtssicher, sondern auch gesellschaftlich akzeptiert sein kann. Solche planungsmethodischen Lösungen entstanden als Reaktion auf die veränderte Rechtsprechung und sollten zugleich die Akzeptanz der Planung erhöhen. In diesem Zusammenhang sind auch andere Neuerungen wie die geplante informelle Vorabbeteiligung von Gemeinden einzuordnen. Im weiteren Sinne ist die Herstellung von Akzeptanz für die Ausgestaltung der Energiewende ein wesentlicher Treiber vieler Neuerungen. Dies gilt für das regionale Energiemanagement in Brandenburg ebenso wie für neue Veranstaltungsformate oder die Verbesserung der wirtschaftlichen Teilhabe von Bürgern/Bürgerinnen und Gemeinden am Ausbau der Windenergienutzung. Das herausfordernde Konfliktfeld des Ausbaus der Windenergienutzung hat mithin zu fortdauernden neuen Ideen geführt und die Kreativität der Handelnden auf regionaler und Landesebene beflügelt. Dies galt sogar schon in den 1990er Jahren mit der Einführung der ersten Eignungsgebiete in Mecklenburg-Vorpommern. Gesellschaftliche Unzufriedenheit und Konflikte sind zwar wichtige Treiber, ein anderer ist aber auch der Anspruch, die Regionalplanung als einen sinnvollen und in gesellschaftlich anerkannter Weise handelnden Akteur zu rechtfertigen. Dies gilt sowohl in Bezug auf den Versuch der Sicherstellung rechtssicherer Verfahren und Planergebnisse als auch in Bezug auf die Erweiterung regionalplanerischer Aktivitäten auf das regionale Energiemanagement.

Zeit und Raum: Bei dem Analysekriterium der raum-zeitlichen Einordnung der Innovation zeigen sich kaum Parallelen zwischen den untersuchten Neuerungen. Jede Neuerung weist einen recht eigenständigen Innovationspfad auf. So wurde die Idee eines regionalen Energiemanagements auf landesbehördlicher interministerieller Ebene in Potsdam entwickelt; umgesetzt und in durchaus unterschiedlicher Weise mit Leben gefüllt wurde sie dann in den Planungsregionen von engagierten Energiemanagerinnen und -managern. Im bundesweiten Vergleich ist das Bürger- und Gemeindenbeteiligungsgesetz in Mecklenburg-Vorpommern eine echte juristische Innovation, auch wenn Aspekte des dänischen Rechts Berücksichtigung gefunden haben. Die nun durchaus verzögerte und kritisch begleitete Umsetzung des Gesetzes von 2016 zeigt, dass die juristische Neuerung in der Praxis noch keine Verbreitung gefunden hat. Allerdings ist das Thema der stärkeren Beteiligung von Bürgern/Bürgerinnen und Gemeinden an den Erträgen der Energiewende durchaus in anderen Bundesländern – auch in Brandenburg, wo 2019 ein Landesgesetz zur Einführung von Sonderabgaben für Betreiber von Windenergieanlagen an Gemeinden beschlossen wurde – und auf Bundesebene angekommen. Gesetzgeberische Innovationen eines Bundeslandes können also im Wettbewerb der Bundesländer um gute Lösungen (im sogenannten Wettbewerbsföderalismus) aufgegriffen und modifiziert werden. In anderen untersuchten Fällen gingen die neuen bzw. adaptierten Praktiken von einer Planungsregion aus, fanden aber keine Verbreitung (informelle Vorabbeteiligung der Gemeinden) oder stellten jeweils spezifische Adaptionen von bereits existierenden Beteiligungsformaten dar (Öffentlichkeitsarbeit und Veranstaltungsformate) und mithin keine absoluten Innovationen. Das Format des Eignungsgebiets in Mecklenburg-Vorpommern ist durch einen interessanten Innovationspfad gekennzeichnet. Die Parallelität von regionaler Erprobung, landesbehördlicher Promotion und bundesrechtlicher Rechtsreform hat dieser Innovation zu einem raschen Durchbruch verholfen und offenbar zu einer Verbreitung des Instruments in mehreren Bundesländern geführt. Dies zeigt, dass Innovationen in verrechtlichten Handlungsfeldern in einem staatlichen Mehrebenen-System für ihre Durchsetzung einer konzertierten Aktion bedürfen, die sowohl die Verwaltungspraxis als auch den Rechtsrahmen betrifft.

Akteure: Hinsichtlich der Akteure und Ideengeber sowie der förderlichen Akteurskonstellationen entsprechen die Erkenntnisse im Wesentlichen der oben vorgenommenen Typisierung nach Landesinnovationen, kollaborativen Innovationen zwischen Land und Region sowie regionalen Innovationen. Das Bürger- und Gemeindenbeteiligungsgesetz in Mecklenburg-Vorpommern und die regionalen Energiekonzepte sowie das flächendeckende Energiemanagement auf der Ebene der fünf Planungsregionen in Brandenburg waren jeweils von Promotoren auf Landesebene vorangebracht worden. Unterschiede zeigen sich allerdings in ihrer Aufnahme durch die Regionalplanung, zumindest im Vergleich der beiden Fokusgruppen. Während das Beteiligungsgesetz vielfach kritisiert und in seiner Steuerungswirkung infrage gestellt wurde, wurde das regionale Energiemanagement einhellig gelobt und als wesentlicher Baustein für eine Aufwertung der regionalen Planungsstellen herausgestellt. Diese Differenz mag zum einen in tatsächlichen sachlich gerechtfertigten Kritikpunkten begründet sein, zum anderen spiegelt sie aber auch den unterschiedlichen Innovationsverlauf wider. Während das regionale Energiemanagement als etabliert gelten kann und bei den verschiedenen Akteurskreisen auf kommunaler, regionaler und Landesebene als wichtig anerkannt wird, ist das Bürger- und Gemeindenbeteiligungsgesetz noch in einem frühen Stadium seiner möglichen Wirksamkeit. Die übrigen vier Beispiele von Innovationen stehen dafür, dass die auf der Ebene der Regionalplanung Handelnden als Promotoren von Innovationen wahrgenommen werden können. Sie können bestimmte Verfahren und Instrumente im jeweiligen Rechtsrahmen selbst entwickeln oder in einer neuartigen Weise einsetzen. Beispiele sind die Erprobung einer informellen Vorabbeteiligung, auch wenn diese Neuerung letztlich als nicht erfolgreich eingeschätzt wurde, die Ausgestaltung neuer Veranstaltungsformate durch regionale Energiemanager/innen und die Anwendung neuer Kriterien bei der Planaufstellung (wie beim Umzingelungsschutz).

Neuigkeitswert und Bewertung der Innovation sowie ihres Verlaufs: Alle genannten Innovationen stellten einen Bruch mit dem Gewohnten dar, sie konnten explizit abgegrenzt werden gegenüber vorher bestehenden Strukturen und verknüpften bekannte und neue Elemente. Freilich kann bezüglich des Neuigkeitswertes zwischen den sechs Phänomenen in folgender Weise differenziert werden: Absolute Neuigkeiten waren das Gesetz in Mecklenburg-Vorpommern zur Ermöglichung wirtschaftlicher Teilhabe von Bürgern und Gemeinden, die erstmalige Einführung der Windeignungsgebiete in den 1990er Jahren sowie die flächendeckende Implementation eines regionalen Energiemanagements auf der Ebene der regionalen Planungsträger in Brandenburg. Relative Innovationen bzw. von der bisherigen Norm abweichendes Verhalten ist dagegen in der Änderung im Kommunikationsverhalten im Zuge neuer Veranstaltungsformate, in der informellen Vorabstimmung mit Gemeinden sowie der Erprobung neuer Plankriterien zu erkennen. Dass sich das Windeignungsgebiet als Planungsinstrument verbreitet hat, ist in der regionalplanerischen Praxis verschiedener Bundesländer zu erkennen. Ob sich andere der skizzierten erfolgreichen Neuerungen mittel- und langfristig werden durchsetzen können, hängt aber von der staatlichen Förderpraxis und künftiger Gesetzgebung bzw. von gerichtlichen Entscheidungen ab. Dies gilt etwa für die weitere Stabilisierung des regionalen Energiemanagements in Brandenburg, für die gesetzlich abgesicherte wirtschaftliche Teilhabe von Bürgern und Gemeinden sowie für einzelne Plankriterien wie den Umzingelungsschutz. Die Verbreitungswege von Innovationen im Planungssystem sind, anders als bei marktlichen Innovationen oder bei sozialen Innovationen in der Zivilgesellschaft, nicht nur auf „bloße" Nachahmung und Verbreitung von Elementen und Prozessen angewiesen, sondern in besonderem Maße auch auf gesetzliche Normierung, auf die Bestätigung in gerichtlichen Verfahren sowie auf die Absicherung der Praxis im Zusammenspiel von Landes- und Regionalplanung. Eine Ausnahme mögen die informelle Regionalentwicklung und die damit verbundenen neuen Praktiken der Öffentlichkeitsbeteiligung und der Veranstaltungsdurchführung darstellen. Diese sind von Formen der Governance und der Akteursbeteiligung aus anderen Politikfeldern inspiriert oder sogar von Handlungsformen jenseits staatlichen oder kommunalen Handelns; umgekehrt können sie Nachahmer auch außerhalb des regionalplanerischen Akteurskreises finden.

Die Neuerungen hatten zwar zum Ziel, rechtssichere Planung zu ermöglichen sowie Konflikte um die Windenergieentwicklung abzumildern, jedoch konnte durch die Arbeitsgruppe nicht evaluiert werden, ob dies auch jeweils erreicht wurde. Auch war es nicht Gegenstand oder Ziel der Forschung des Arbeitskreises, zu bewerten, inwiefern es sich um eine „erfolgreiche" Durchsetzung oder um eine „bessere" Lösung handelte.

6 Fazit

Die regionale Steuerung der Energiewende ist ein herausforderndes Handlungsfeld. Insbesondere die Regionalplanung muss im teils hochumstrittenen Themenfeld der Windenergienutzung gesetzliche und gerichtlich vorgegebene Anforderungen mit Zielen und Vorgaben der Landesebene sowie mit Planungswünschen und -vorstellungen der Gemeinden und Bürger/innen in Einklang bringen. Die gesetzten externen Rahmenbedingungen begrenzen hierbei von vornherein ihre Innovationsfähigkeit. Um neue Verfahren ein- und umzusetzen, kann die Regionalplanung nicht unabhängig von übergeordneten Ebenen handeln. Ihre innovative Kraft liegt jedoch neben der Auslotung eigener Spielräume auch darin, Handlungsbedarf, also die Notwendigkeit einer Innovation, überhaupt zu erkennen, dies an die übergeordnete Ebene zu kommunizieren und gemeinsam mit ihr an einer Innovation zu arbeiten. Im Mehrebenen-System gilt dies auch umgekehrt, wenn Innovationen von übergeordneten Handlungsebenen ausgehen.

Die Arbeitsgruppe „Regionale Steuerung der Energiewende in Nordostdeutschland: Innovationen im Planungssystem?" der Landesarbeitsgemeinschaft (LAG) Berlin/Brandenburg/Mecklenburg-Vorpommern der ARL will mit dem folgenden Fazit vor allem drei Fragen zusammenfassend beantworten:

> Hilft die Innovationsforschung bzw. unser Verständnis von Innovationen, die Regionalplanung und deren Innovationsfähigkeit besser zu verstehen? Hierbei handelt es sich um ein theoretisch-konzeptionelles und methodisches Fazit.

> Wie bewerten wir die Innovationsfähigkeit der Regionalplanung im untersuchten Handlungsfeld? Hierbei handelt es sich um ein handlungsfeldbezogenes Fazit.

> Welche weiteren Forschungsbedarfe sehen wir?

Als theoretisch-konzeptionelles und methodisches Fazit kann festgehalten werden, dass sich der Anspruch des von der Arbeitsgruppe gewählten Innovationsverständnisses, Neuheit als soziale Konstruktion zu verstehen, als forschungsstrategischer Vorteil erwiesen hat. Zwar hat die Arbeitsgruppe bei der Auswertung und Diskussion der empirischen Ergebnisse Kriterien herangezogen, die in der Literatur gemeinhin für die Definition und Analyse von Innovationen formuliert werden. Dennoch gestanden wir den befragten Akteuren selbst den Freiraum zu, einzuschätzen, welche Aspekte ihres Handelns sie als innovativ auffassen und inwieweit bestimmte Methoden, Praktiken und Instrumente aus ihrer Sicht Innovationen darstellen.

Die Arbeitsgruppe konnte dabei sowohl an vorangegangene Forschungsvorhaben zur Analyse von Innovationen in der Planung anschließen als auch in allgemeiner Hinsicht an Forschungen zu sozialen Innovationen. In diesen Forschungstraditionen müssen Innovationen nicht absolut neu sein oder sich erst in ökonomischer Hinsicht durchsetzen. Innovationen innerhalb politisch-administrativer Systeme sind in der Regel nur relativ neu, weil sich soziale Praktiken und institutionelle Regeln nur selten in disruptiver Weise weiterentwickeln. Die Dokumentenanalyse zur Veränderung des Handlungsfelds der Steuerung der Energiewende in Brandenburg und Mecklenburg-Vorpommern sowie die Fokusgruppen mit Akteuren auf der Ebene der Regionalplanung in den beiden nordostdeutschen Flächenländern zeigte uns, dass es sinnvoll ist, auch und gerade im formalisierten Handlungskontext der gesamträumlichen Planung nach Innovationen Ausschau zu halten. Die Innovationsforschung sollte sich insgesamt auch öffentlichen, staatlichen, institutionengebundenen und zielorientierten Innovationen widmen, weil der öffentliche Sektor wichtig für das Erreichen von Gemeinwohlzielen ist. Ohne das Handeln der auf der Ebene der Regionalplanung Tätigen ist die räumliche Gestaltung der Energiewende (insbesondere der Ausbau der Windkraft) als ein wesentlicher Baustein des Erreichens von Nachhaltigkeitszielen und internationalen Verpflichtungen im Klimaschutz nicht vorstellbar.

Indem unser methodischer Ansatz Praktikern/Praktikerinnen im Handlungsfeld der regionalen Steuerung erneuerbarer Energien eine Selbstdefinition innovativen Handelns ermöglichte, konnten wir die Beiträge der Regionalplanung für die Erfolge der letzten Jahre sichtbar machen. Gleichzeitig erzeugten wir in beiden Fokusgruppen einen – mehr oder weniger lang anhaltenden – Moment der „Fremdheit“: Regionalplanung imaginiert sich in ihrer traditionellen Selbstbeschreibung nicht unbedingt als innovativer Akteur und begreift die immer wieder auftretenden Neuerungen auf der Ebene von Institutionen und Praktiken nicht per se als „Innovationen“. Regionalplaner/innen sind sich bewusst, dass sie an tiefgreifenden Veränderungen mitwirken, sehen sich jedoch selbst zunächst nicht in der Rolle von „Innovatoren“, die als Antreiber und Ideengeber dieser Veränderungen in Erscheinung treten würden. Ihre Rolle besteht vielmehr darin, die wirksamen Veränderungs- und Beharrungskräfte zu einem verträglichen Ausgleich zu bringen. Vielleicht gerade wegen dieses Fremdheitsgefühls erwies sich jedoch der Begriff der „Innovation“ als gut geeignet, um in den Fokusgruppen eine freie, assoziierende Diskussion über die eigene Arbeit der Teilnehmenden anzustoßen. Diese geplante Grenzüberschreitung und Abweichung von bisherigen Denkweisen erzeugte Irritationen, ermöglichte aber auch zugleich Reflexionen über die eigene Rolle als – möglicherweise – innovativ handelnder Planer. In beiden Fokusgruppen wurde nicht die Restriktion verdrängt, dass Verwaltungshandeln immer rechtssicher und verlässlich sein muss – und damit nicht „nur“ innovativ sein darf.

Zweifelsohne konnte durch die Methode der Fokusgruppe kein vollständiges Bild der regionalen Steuerung der Energiewende erzeugt werden, denn die Zusammensetzung der Gruppe hatte deutlichen Einfluss auf die Themen und die Ergebnisse der Gruppe. Damit wurden manche innovativen Aspekte stärker betont als andere, was aber genau dem Anspruch entsprach, die „soziale Konstruktion“ der Innovationen zu thematisieren.

Die vorgelagerte Dokumentenanalyse bestärkte uns zudem darin, dass es in einem stark von rechtlichen Regelungen geprägten Handlungsfeld wie der regionalen Steuerung der Energiewende wichtig ist, politische und rechtliche Innovationen in den Fokus der Analyse zu rücken, und eben nicht nur das intendierte Handeln der Akteure oder die technischen Neuerungen von Windenergieanlagen mit immer größerer Leistung und Nabenhöhe als wesentliche Basisinnovation. Aus unserer Sicht können Innovationen im Planungssystem auch regulative und institutionelle Phänomene wie Gesetze, Pläne, Planungsmethoden, Instrumente oder Verfahren umfassen. Innovationen in der räumlichen Planung sind nicht „anti-institutionell". Dies gilt sowohl für rechtliche Regelungen sowie landesplanerische und -politische Vorgaben mit innovativem Charakter als auch für das Handeln regionaler Akteure – und für das Zusammenspiel von regionaler Ebene mit der Landesebene. Für die Regionalplanung waren rechtliche und politische Neuerungen auf Landes- und Bundesebene sicherlich stets herausfordernde Vorgaben (z.B. Privilegierung der Windenergie, Pflicht zur Öffentlichkeitsbeteiligung); diese können sowohl selbst als Innovationen aufgefasst werden als auch als Auslöser für innovatives Handeln auf regionaler Ebene.

Kommen wir damit zur zweiten Frage: Wie bewerten wir die Innovationsfähigkeit der Regionalplanung im untersuchten Handlungsfeld?

Der rechtliche Rahmen, innerhalb dessen sich die regionale Steuerung der Energiewende in den letzten zwanzig Jahren entwickelt hat, wurde im Wesentlichen durch zwei Regelungen gesetzt, die zweifelsfrei als Innovationen gelten können: Dies sind im Energierecht der Netzanschluss- und Vergütungszwang für alle Anlagen, die Strom aus erneuerbaren Energien erzeugen, und im Planungsrecht das System der Konzentrationszonen, mit dem erstmals ein Planungsinstrument für Anlagen im Außenbereich eingeführt wurde. Diese gesetzgeberischen Innovationen haben erhebliche Umwälzungen in der Praxis der Regionalplanung bewirkt, die in Kapitel 4 beschrieben und in den Abschnitten 5.1 und 5.2 aus der Sicht beteiligter Akteure reflektiert werden. Für eine neue Art von Anlagen – nämlich Windenergieanlagen – wurde in den letzten Jahrzehnten ein umfassendes System von Entscheidungsregeln zur Standortfindung etabliert. Der Prozess der Entscheidungsfindung wurde wiederum in ein System von Verfahrensregeln gefasst. Entscheidungen über Windparkplanungen sind damit durchgängig überprüfbar geworden. An diesem Prozess der rechtsstaatlichen Standardisierung von Entscheidungsabläufen ist im Prinzip nichts Neuartiges. Zumindest teilweise neu sind jedoch die damit verbundenen Anforderungen an die Regionalplanung, welche sich früher überwiegend in einem System politik- und verwaltungsinterner Aushandlungsprozesse bewegte und damit kaum unter Beobachtung der Verwaltungsgerichte und der allgemeinen Öffentlichkeit stand.

Welche Anpassungsleistung dem Selbstverständnis der in der Regionalplanung Tätigen abverlangt wurde, wird auch am Begriff der „Freiheit" anschaulich, der in den Fokusgruppen mehrfach zur Sprache kam (sinngemäß: „Uns wurden die Freiheiten genommen"; „Wir wollten uns Freiheiten zurückerobern"). Die Interpretation der Vorgänge wurde in der Arbeitsgruppe durchaus kontrovers eingeschätzt. Auf der einen Seite wurde festgehalten, dass die diesbezüglichen Einlassungen in einem bemerkenswerten Kontrast zu den tatsächlich gegebenen Freiheiten stünden, denn im Vergleich zum Bau- und Fachplanungsrecht sei das Recht der Raumordnung trotz der erfolgten Anpassungen bis heute durch gering ausdifferenzierte Verfahrensvorschriften gekennzeichnet und die untergesetzlichen Regelungen beschränkten sich auf wenige abstrakte Leitsätze, die von der Rechtsprechung formuliert wurden, sowie auf oftmals unverbindliche Erlasse und Richtlinien der obersten Landesbehörden. Der Freiheitsgrad der Regionalplanung – also der gegebene Planungsspielraum – sei demnach immer noch hoch. Auf der anderen Seite wurde betont, dass dies zwar für die Raumordnung im Allgemeinen gelte, nicht aber für die Steuerung der Windenergienutzung im Besonderen, denn gerade dort präge die Rechtsprechung die Planungspraxis mit Verfahrens- und Abwägungsvorgaben inzwischen durchgreifend – und damit auch den „Planeralltag". Dies zeigten auch die Fokusgruppen.

Die mit dem Titel dieses Forschungsberichtes aufgeworfene Frage nach der Innovationskraft der Regionalplanung kann grundsätzlich positiv beantwortet werden. Die Analyse in den Ländern Brandenburg und Mecklenburg-Vorpommern zeigt, dass die Regionalplanung an der Steuerung der mit den oben genannten gesetzgeberischen Innovationen freigesetzten neuen Raumnutzungsansprüche maßgebend und kreativ mitgewirkt hat. Die dokumentierte Erörterung einzelner Erscheinungsformen dieses Steuerungsprozesses macht deutlich, dass Innovationsfreude auf regionaler Ebene dort beobachtet werden kann, wo die überörtliche Raumplanung in den letzten Jahrzehnten ihre Stärken gesehen hat: bei der informellen Moderation gesellschaftlicher Aushandlungsprozesse sowie der Entwicklung von Zielen und Leitbildern. Dies wird am offensichtlichen Erfolgsmodell der regionalen Energiekonzepte einschließlich der Umsetzung durch regionale Energiemanager in Brandenburg sichtbar.

Aber auch für die formelle Regionalplanung wird erkennbar, dass als notwendig erkannte Veränderungen nicht nur von oben nach unten durchgesetzt, sondern auf allen Ebenen des Planungssystems aktiv vorangetrieben wurden. Diese Prozesse treffen gleichzeitig auf ein Bemühen um das Vermeiden von Planungsfehlern und um „gerichtsfeste" Planung. Die in Kapitel 4 beschriebenen aktuellen Probleme – lange Planungszeiten, erhebliche Rechtsunsicherheit, zweifelhafte Akzeptanz – könnten auch den Schluss zulassen, dass die formelle Regionalplanung mit der Dynamik der Energiewende in letzter Zeit nicht immer Schritt halten konnte und das vorgelegte Innovationstempo manchmal zu gering war. Bezüglich solcher Schlussfolgerungen ist jedoch Vorsicht geboten: Der vom Gesetzgeber eingeleitete Vollumbau der Energieversorgungssysteme bringt Eingriffe und Umbrüche mit sich, die zwangsläufig zu Reibungen führen müssen. In der Raumordnung sind sie schon deshalb kaum vermeidbar, weil die Legitimationskraft formeller Planungsverfahren nicht zuletzt in der Beharrung auf bewährten Regeln und Abläufen liegt. Das Selbstverständnis der formellen Regionalplanung kann somit nicht vorrangig vom Willen zur permanenten Veränderung geprägt sein. Anpassungen bewährter Verfahrensregelungen müssen behutsam erfolgen und sind damit immer der Gefahr ausgesetzt, dass sie, angesichts eines aktuellen politischen Entscheidungsdrucks, als zu langsam empfunden werden.

Es bleibt die Frage, ob der Bedeutungs- und Verantwortungszuwachs der formellen Regionalplanung insgesamt als „Innovation im Planungssystem" bezeichnet werden kann. Diese Frage ist zu bejahen, weil die Regionalplanung bewiesen hat, dass etwas möglich ist, was noch um die Jahrtausendwende, als es um die Einführung der strategischen Umweltprüfung und der obligatorischen Öffentlichkeitsbeteiligung in die Raumordnung ging, Gegenstand skeptischer und kritischer Diskussionen war: Auf einer hohen Planungsebene wird ein gesamträumliches Konzept für Vorhaben mit überörtlichen Auswirkungen einer breiten öffentlichen Diskussion und Konsensfindung zugänglich gemacht – und dann unmittelbar in rechtlich bindende Festlegungen überführt. Die Integrationsleistung, die damit über mehrere räumliche Maßstabsebenen sowie über verschiedene Verbindlichkeitsgrade hinweg erbracht wird, ist sehr hoch zu schätzen. Sie ist – ungeachtet aller Schwierigkeiten und Reibungsverluste, die in den vergangenen Jahren sichtbar geworden sind – ein großer Fortschritt im Planungssystem. Was traditionell entkoppelt war – die Entwicklung großräumiger Rahmenkonzepte, welche zunächst unverbindlich und deshalb in der Öffentlichkeit weithin unbeachtet erfolgte, und die Genehmigung von konkreten Bauvorhaben, an denen sich dann die öffentliche Diskussion umso heftiger und grundsätzlicher entzündete –, wurde in der regionalen Steuerung der Windenergienutzung miteinander verknüpft. Man kann argumentieren, dass erst mit dieser Verknüpfung eine verantwortungsvolle Diskussion über die Planung überhaupt möglich geworden sei. Dabei haben es die Planenden mit einer zunehmend gut informierten Bürgerschaft zu tun, die sich in Aspekte der Energiepolitik und des Umweltschutzes einmischen will und sich oftmals auch mit Planungsmethodiken, Planungskriterien und Leitbildern der ländlichen Entwicklung streitig befasst. Dies kann als Fortschritt in der demokratischen Planungskultur interpretiert werden, stellt aber zugleich eine gewisse Herausforderung für die Durchführbarkeit der Planverfahren dar. Hinzu kommen hohe Anforderungen der Rechtsprechung an die regionale Planung, wenn die Windenergienutzung durch die Raumplanung konzentriert wird. Dabei wird die Regionalplanung zunehmend an den Rechts- und Verfahrensanforderungen gemessen, die bisher für die Bauleitplanung gelten, was aufgrund der unterschiedlichen Maßstabsebenen nicht gänzlich frei von logischen Brüchen bleibt.

Der Arbeit der Regionalplanung in einem schwierigen Handlungsfeld Wertschätzung entgegenzubringen, war ein wichtiges nichtwissenschaftliches Ziel der Arbeitsgruppe. Dieses Ziel fand seine Bestätigung in der Diskussion der Ergebnisse auf einer gemeinsamen Tagung der ARL-Landesarbeitsgemeinschaften Berlin/Brandenburg/Mecklenburg-Vorpommern und Sachsen/Sachsen-Anhalt Thüringen in Dresden im November 2018 sowie im Rahmen des Workshops „Klimaschutz und Energiewende in der Regionalplanung in Mecklenburg-Vorpommern“ in Ludwigslust im Oktober 2018, den die Arbeitsgruppe gemeinsam mit dem Regionalen Planungsverband Westmecklenburg und dem Landesverband Erneuerbare Energien Mecklenburg-Vorpommern organisierte. Während die konstruktive Diskussion in Dresden mit dem Diktum eines Landesplaners, die Regionalplanung sei innovativer als sie sich selbst einschätze, zusammengefasst werden kann, wurden aus dem Workshop in Ludwigslust heraus die „Ludwigsluster Thesen zur Energiewende in der Regionalplanung“ (ARL 2018) veröffentlicht. Darin wurde u.a. herausgearbeitet, dass die formelle Planung einer Unterstützung durch eine geeignete, langfristig bestehende Organisation auf regionaler Ebene (z.B. einer „regionalen Energieagentur“) bedarf, die Aufgaben der Kommunalberatung in Sachen Klimaschutz und Energiewende übernehmen sollte. Auch wurde festgehalten, dass weder die Aufhebung der Privilegierung im Außenbereich noch die Streichung des Planvorbehaltes geeignet erscheinen, um die Ziele von Klimaschutz und Energiewende zu erreichen.

Wir können feststellen, dass die Regionalplanung in Brandenburg und Mecklenburg-Vorpommern aktiv und kreativ nach Lösungen gesucht hat, die regionale Energiewende zu steuern und insbesondere die Ausweisung von Windeignungsgebieten zu gestalten. Dabei ist – um die „Ludwigsluster Thesen“ zu zitieren – die Abwägung zwischen konkurrierenden Nutzungsansprüchen an den Raum die grundlegende Aufgabe der Regionalplanung. Solange in jeder Planungsregion große Räume von Windenergie erkennbar frei bleiben (z.B. Großschutzgebiete, Schwerpunkträume für den Tourismus), wird die Regionalplanung ihrem Auftrag gerecht. Die Rolle der Regionalplanung als stabiler Ankerakteur in einem dynamischen Handlungsfeld, der schwierige Konflikte erörtert und entscheiden muss, steht dabei den destabilisierenden Faktoren wie der langen Verfahrensdauer, der Rechtsunsicherheit und dem fehlenden gesellschaftlichen Konsens in ländlichen Räumen gegenüber. Die Energiewende erscheint dabei als ein übergreifender gesamtgesellschaftlicher Transformationsprozess, der auf regionaler Ebene zu komplexen Steuerungsbedarfen und Konflikten führt. Diese begünstigen aber wiederum Innovationen, die erforderlich sind, um einen produktiven Umgang mit den Konflikten zu finden und Lösungsmöglichkeiten zu entwickeln. Der herausfordernde Transformationsprozess der Energiewende war also nicht nur ein Konflikttreiber, sondern auch ein „Innovationstreiber“, denn er war eine Bedingung dafür, ein „Innovationsklima“ im Handlungsfeld der Regionalplanung zu schaffen. Dies wird sich angesichts der drängenden Herausforderungen des Klimawandels und der Forderung nach weiterer Optimierung der Verfahren sicherlich auch künftig fortsetzen.

Die Ergebnisse der Arbeitsgruppe sind auch für andere Bundesländer von Belang. Die vorgestellten Innovationen im Planungssystem sind bedeutsam, um die Windenergienutzung voranzutreiben, Entscheidungsprozesse zu gestalten und mögliche Konflikte zu lösen. Zusammenfassend können mit Bezug auf die Kapitel 4 und 5 folgende Innovationen im Handlungsfeld der regionalen Steuerung der Energiewende festgehalten werden (siehe Tabelle 4).

Abschließend bleibt der weitere Forschungsbedarf festzuhalten, dem die Arbeitsgruppe mit ihrem zeitlich und inhaltlich beschränkten Auftrag nicht nachkommen konnte:

Erstens verweisen wir hier darauf, dass die von uns untersuchten Phänomene jeweils noch einer genaueren Untersuchung bedürfen. Im Rahmen der Fokusgruppen konnte beispielsweise nicht eruiert werden, welche Reichweite die jeweiligen Neuerungen bereits entfalten und welchen Verbreitungsweg Innovationen nehmen. Dies betrifft die Übernahme oder Adaption von einer Planungsregion zur anderen, von einem Bundesland zum anderen oder skalenübergreifende Verbreitungswege über die Bundes- und/oder Landesebene. Ob z.B. Praktiken und Verfahren, die aus Brandenburg oder Mecklenburg-Vorpommern stammen, in anderen Bundesländern bereits angewandt werden, konnten wir nur in einigen Punkten klären. Auch die derzeit laufenden Diskussionen um die Aufhebung der Privilegierung der Windenergienutzung oder um eine bundesweite Regelung zur finanziellen Beteiligung der Bürger und Gemeinden sind Beispiele, bei denen sich ein genauer Blick auf die Diffusion der Innovationen lohnen würde.

Zweitens ist die Rolle, die Planer in Verfahren einnehmen, ein wichtiges Forschungsdesiderat. Inwieweit verstehen sie sich „nur" als diejenigen, deren Handeln durch Recht determiniert ist, und inwieweit sind Kreativität und Offenheit wichtige Aspekte ihres Handelns, die dann auch Innovationen zeitigen können? In welchen Situationen wird dies erreicht und welche Restriktionen (z.B. Ressourcen, Selbstzuschreibungen, formelle Regeln) behindern planerische Innovationen? Hiermit verbunden ist generell die Frage, inwieweit in verrechtlichten Systemen und administrativer Praxis Innovationen möglich sind und welche Rahmenbedingungen erforderlich sind, damit kreatives und innovatives Handeln auch in Verwaltungen ermöglicht wird. Hierbei wäre eine vertiefte Perspektive auf Innovationsverläufe in administrativer und politischer Praxis der Landes- und Regionalplanung wünschenswert.

	Neuerung	**Auslöser / Treiber / Ziel**	**Handlung**	**Bewertung aus Sicht der Regionalplanung**
Bundesweite Beispiele	**Förderung für erneuerbare Energieträger**	Umbau des Energiesystems auf erneuerbare Energien fördern und beschleunigen	Bundesgesetzliche Garantien für Abnahme, Einspeisung und Vergütung von Strom aus erneuerbaren Quellen (Stromeinspeisegesetz 1991 und EEG 2000)	Ausbau erneuerbarer Energieträger, insb. Windenergienutzung, gewinnt ab 2000 an Dynamik mit der Folge eines Anstiegs der Flächennachfrage für Windenergieanlagen
	Höhe von Windenergieanlagen	„Höhensprung" von Windenergieanlagen	Bau von höheren, leistungsstärkeren und effizienteren Windenergieanlagen durch die Windenergieanlagenhersteller	Bundesweit andauernder Trend zur technischen Weiterentwicklung erhöht Flächennachfrage und Nutzungskonflikte
	Baurecht für Windenergieanlagen – Privilegierung	Privilegiertes Baurecht für Windenergieanlagen außerhalb von Ortslagen mit Planungsvorbehalt wird eingeführt	Änderung des Planungsrechts (Bau- und Raumordnungsrecht/BauROG 1997) durch den Bund	Regionalplanung erhält neue Kompetenzen und Instrumente
	Konzentration der Windenergienutzung – Planungsstandards und -konzepte	Differenzierte Standards (Verfahren, Methoden, Inhalte) für die Steuerung der Windenergienutzung werden entwickelt	Änderung der Rechtsprechung ab 2009 bzgl. der Anforderungen an die Planungskonzepte für die Steuerung der Windenergienutzung	Neue Maßstäbe für die Konzentrationszonenplanung werden gesetzt und umgesetzt; innovative Lösungen werden von den Trägern der Regionalplanung erprobt
	Strategische Umweltprüfung für die Raumordnung	Umweltberichte (Fachgutachten) und Öffentlichkeitsbeteiligung werden für raumbezogene Planungen und Programme zur Pflicht	Anpassung des nationalen Planungsrechts (Änderung des Bau- und Raumordnungsrechts/ EAG Bau 2004) aufgrund neuer europäischer Vorgaben (SUP-RL)	Neue Instrumente (Umweltberichte) und neue Verfahrensanforderungen (Öffentlichkeitsbeteiligung) für die Regionalplanung werden eingeführt

	Neuerung	Auslöser / Treiber / Ziel	Handlung	Bewertung aus Sicht der Regionalplanung
Länderspezifische Beispiele	**Finanzielle Teilhabe**	Finanzielle Beteiligung der Kommunen und/oder der Bevölkerung an der Wertschöpfung aus der Windenergienutzung ermöglichen (z.B. Anteile/Abgaben)	Änderung bzw. Neuschaffung von Landesrecht (z.B. zunächst Mecklenburg-Vorpommern: Regelung im Landesraumordnungsprogramm/LROP i.V.m. Landesgesetz / BüGemBetG; z.B. Brandenburg: WindAbgG)	Mehr Wertschöpfung vor Ort soll durch neue Landesregelungen generiert werden, um mehr Akzeptanz für Windenergie zu erreichen; bundesweite Regelung wird erwogen; das könnte sich ggf. auch auf die Regionalplanung positiv auswirken
	Regionale Energiekonzepte	Unverbindliche Konzepte mit Zielen und Maßnahmen für die Umsetzung der Energiewende werden erstellt	Koordination, Mindestvorgaben und Förderung durch Richtlinien, Leitfäden und gemeinsame Arbeitsgremien von Land und Regionen (z.B. Land Brandenburg 2010 bis 2013)	Fortschreibung geplant; neue Instrumente für die Unterstützung der Regionalen Planungsgemeinschaften in Brandenburg
	Regionales Energiemanagement	Beratung zur Umsetzung der regionalen Energiekonzepte wird angeboten (insb. für Kommunen)	Koordination, Mindestvorgaben und Förderung durch Richtlinien, Leitfäden und gemeinsame Arbeitsgremien von Land und Regionen (z.B. Land Brandenburg seit 2013)	Landesweit andauernd; Umsetzung der Energiekonzepte bei den Regionalen Planungsgemeinschaften in Brandenburg etabliert
	Kommunikationsformate zur Fach- und Raumplanung	Unverbindliche Informations- und Beratungsangebote für Öffentlichkeit und Kommunen werden ergänzend zu verbindlichen Beteiligungsformaten angeboten	Unterschiedliche Angebote von staatlichen, kommunalen und/oder privaten Trägern (z.B. Energieagenturen, Servicestellen, Planungsdialoge)	Projekt-/landes-/regionsspezifisch werden neue Kommunikationsformate/-instrumente von Fachplanung, Unternehmen und/oder Regionalplanung erprobt bzw. etabliert

Tab. 4: Übersicht über eine Auswahl der diskutierten Phänomene

Drittens werden derzeit erneut – und wohl zukünftig zunehmend – gesellschaftliche Ziele definiert, die auf einen noch stärkeren Klimaschutz und eine damit einhergehende „große Transformation“ von verschiedenen miteinander zusammenhängenden Sektoren (Landwirtschaft, Verkehr, Energie, usw.) zielen. Hier ist es möglich, dass auf die Regionalplanung erneut „große Aufgaben“ zukommen, um herausfordernde Gemeinwohlziele zu erreichen. Die in den letzten Jahren gesammelten Erfahrungen mit der regionalen Steuerung der Energiewende – insbesondere in Bezug auf den Ausbau der Windenergienutzung – könnten hier für transdisziplinäre Forschungsvorhaben von besonderer Bedeutung sein.

Literatur

Aderhold, J. (2010): Probleme mit der Unscheinbarkeit sozialer Innovationen in Wissenschaft und Gesellschaft. In: Howaldt, J.; Jacobsen, H. (Hrsg.): Soziale Innovation. Auf dem Weg zu einem postindustriellen Innovationsparadigma. Wiesbaden, 109-126.
AEE – Agentur für Erneuerbare Energien (2016): Energiewendeatlas Deutschland 2030. Berlin.
AEE – Agentur für Erneuerbare Energien (2018): Licht und Schatten bei EU-Beschlüssen zu Erneuerbaren Energien.
https://www.unendlich-viel-energie.de/themen/politik/licht-und-schatten-bei-eu-beschluessen-fuer-erneuerbare-energien (02.07.2018).
AEE – Agentur für Erneuerbare Energien (2019): Brandenburg (BB).
https://www.foederal-erneuerbar.de/landesinfo/bundesland/BB/kategorie/wind (26.07.2019).
AEE – Agentur für Erneuerbare Energien (2020): Bundesländer-Übersicht zu Erneuerbaren Energien.
https://www.foederal-erneuerbar.de/uebersicht/bundeslaender/BB%7CMV/kategorie/top+10 (07.01.2020).
Amt für Statistik Berlin-Brandenburg (2017): Statistisches Jahrbuch 2017 – Brandenburg. Potsdam.
Commission on Sustainable Development (1997): CSD-Nachhaltigkeitsindikatoren.
http://www.umweltbundesamt.de/uba-info-daten/daten/csd.htm (12.04.2007).
Anderson, T.; Curtis, A.; Wittig, C. (2015): Definition and theory in social innovation. The theory of social innovation and international approaches. Wien = ZSI Discussion Paper 33.
ARL – Akademie für Raumforschung und Landesplanung (2018): Ludwigsluster Thesen zur Energiewende in der Regionalplanung.
https://www.arl-net.de/system/files/ludwigsluster_thesen_2018.pdf
Asheim, B.; Grillitsch, M.; Trippl, M. (2018): Regional innovation systems: past – presence – future. In Doloreux, D.; Shearmur, R; Carrincazeux, C. (Hrsg.): Handbook of the Geographies of Innovation. Cheltenham, 45-62.
BBSR – Bundesinstitut für Bau-, Stadt- und Raumforschung (2015): Ausbaukontroverse Windenergie. Informationen zur Raumentwicklung (6).
BDEW – Bundesverband der Energie- und Wasserwirtschaft (2016): BDEW-Energiemonitor 2016: Das Meinungsbild der Bevölkerung. Kommentierte Zusammenfassung der Meinungsforschungsstudie BDEW-Energiemonitor. Berlin.
Becker, S.; Bues, A.; Naumann, M. (2016): Zur Analyse lokaler energiepolitischer Konflikte. Skizze eines Analysewerkzeugs. In: Raumforschung und Raumordnung 74 (1), 39-49.
Becker, S.; Gailing, L.; Naumann, M. (2012): Neue Energielandschaften – Neue Akteurslandschaften: Eine Bestandsaufnahme im Land Brandenburg. (Studien / Rosa-Luxemburg-Stiftung). Berlin.
Becker, S.; Naumann, M. (2016): Energiekonflikte nutzen: Wie die Energiewende vor Ort gelingen kann. Erkner.
Blättel-Mink, B. (2006): Kompendium der Innovationsforschung. Wiesbaden.
Bloor, M.; Frankland, J.; Thomas, M.; Robson, K. (2001): Focus Groups in Social Research. London et al.
Blotevogel, H.; Danielzyk, R.; Münter, A. (2014): Spatial planning in Germany: institutional inertia and new challenges. In: Reimer, M.; Getimis, P.; Blotevogel, H. H. (Hrsg.): Spatial Planning Systems and Practices in Europe. A Comparative Perspective on Continuity and Changes. New York, 83-108.
Bovet J. (2015): Steuerung der Windenergie durch Raumordnung: Aktuelle Rechtsprechung als Herausforderung für die Planung. In: Informationen zur Raumentwicklung (6), 591-602.
BMVI – Bundesministerium für Verkehr und digitale Infrastruktur (2015a): Regionale Energiekonzepte. Dokumentation der Abschlussveranstaltung. Ein MORO-Forschungsfeld. Bonn. = MORO-Informationen 11/3.
BMVI – Bundesministerium für Verkehr und digitale Infrastruktur (2015b): Regionale Energiekonzepte als strategisches Instrument der Landes- und Regionalplanung. Bonn. = MORO-Praxis, Heft 4.
BMVI – Bundesministerium für Verkehr und digitale Infrastruktur (2016): Diskussionsforum Raumentwicklung: Wandel der Region zur Energielandschaft? Spannungsfelder und Gestaltungsspielräume für Raumentwicklung und Regionalplanung. Berlin.
BMWi – Bundesministerium für Wirtschaft und Energie (2017): Erneuerbare Energien.
https://www.bmwi.de/Redaktion/DE/Dossier/erneuerbare-energien.html (20.10.2017).
BMWi – Bundesministerium für Wirtschaft und Energie (2018): Ein Stromnetz für die Energiewende.
https://www.bmwi.de/Redaktion/DE/Dossier/netze-und-netzausbau.html (14.08.2018).
BMWi – Bundesministerium für Wirtschaft und Energie (2019a): Zeitreihen zur Entwicklung der erneuerbaren Energien in Deutschland – unter Verwendung der Daten der Arbeitsgruppe Erneuerbare Energien-Statistik (AGEE-Stat). Stand: Februar 2019. Berlin.

BMWi – Bundesministerium für Wirtschaft und Energie (2019b): Erneuerbare Energien in Zahlen. Nationale und internationale Entwicklung im Jahr 2018. Berlin.

BMWi – Bundesministerium für Wirtschaft und Technologie; BMU = Bundesministerium für Umwelt, Naturschutz und Reaktorsicherheit (2010): Energiekonzept für eine umweltschonende, zuverlässige und bezahlbare Energieversorgung. 28. September 2010. Berlin.

Boelens, L.; de Roo, G. (2016): Planning of undefined becoming: first encounters of planners beyond the plan. In: Planning Theory 15 (1), 42-67.

Bues, A.; Gailing, L. (2016): Energy Transitions and Power: Between Governmentality and Depoliticization. In: Gailing, L.; Moss, T. (Hrsg.): Conceptualizing Germany's Energy Transition: Institutions, Materiality, Power, Space. London, 69-91.

BNetzA – Bundesnetzagentur (2017): Bundesnetzagentur erlässt Verordnung zum Netzausbaugebiet. Pressemitteilung vom 20.02.2017.
https://www.bundesnetzagentur.de/SharedDocs/Downloads/DE/Allgemeines/Presse/Pressemitteilungen/2017/20022017_Netzausbaugebiet.pdf?__blob=publicationFile&v=2 (23.09.2019).

BNetzA – Bundesnetzagentur (2019): Netzausbau – Bundesfachplanung. Bonn.

Bues, A. (2018): Planning, Protest, and Contentious Politics. In: disP – The Planning Review 54 (4), 34-45.

Bundesrat (2018): Entschließung des Bundesrates zur Entprivilegierung der Windenergienutzung – Antrag des Landes Brandenburg vom 10.10.2018, Bundesratsdrucksache 509/18 vom 11.10.2018.

Bundesrechnungshof (2018): Energiewende droht zu scheitern. Pressemitteilung zum „Sonderbericht – Koordination und Steuerung zur Umsetzung der Energiewende durch das Bundesministerium für Wirtschaft und Energie" und Zusammenfassung des Bundesrechnungshofes vom 28.09.2018.
https://www.bundesrechnungshof.de/de/veroeffentlichungen/produkte/sonderberichte/2018/energiewende/2018-sonderbericht-energiewende (01.10.2018).

Burnett, B. (2009): Building new Knowledge and the Role of Synthesis in Innovation. In: International Journal of Innovation Science 1 (1), 13-27.

BWE – Bundesverband Windenergie e. V. (2019): Das Windenergie Factsheet Deutschland 2018.
https://www.wind-energie.de/themen/zahlen-und-fakten (29.07.2019).

Castells, M. (1978): City, Class and Power. London.

Christmann, G.; Ibert, O.; Jessen, J.; Walther, U.-J. (2016): Wie kommt Neuartiges in die räumliche Planung? Konzeptionierung von Innovationen in der Planung und Forschungsstrategien. In: Rammert, W.; Windeler, A.; Knoblauch, H.; Hutter, M. (Hrsg.): Innovationsgesellschaft heute: Perspektiven, Felder und Fälle. Wiesbaden, 273-300.

Clausen, J.; Fichter, K.; Winter, W. (2011): Theoretische Grundlagen für die Erklärung von Diffusionsverläufen von Nachhaltigkeitsinnovationen. Berlin.

Danielzyk, R.; Münter, A. (2018): Raumplanung. In: Akademie für Raumforschung und Landesplanung (Hrsg.): Handwörterbuch der Stadt- und Raumentwicklung. Hannover, 1931-1942.

DESTATIS – Statistisches Bundesamt (2019): Daten aus dem Gemeindeverzeichnis. Bundesländer mit Hauptstädten nach Fläche, Bevölkerung und Bevölkerungsdichte. Gebietsstand: 31.12.2018. Wiesbaden.
www.destatis.de/DE/Themen/Laender-Regionen/Regionales/Gemeindeverzeichnis/Administrativ/02-bundeslaender.xlsx?__blob=publicationFile (07.01.2020).

Deutsche WindGuard (2018): Status des Windenergieausbaus an Land in Deutschland – 1. Halbjahr 2018. Varel.

Deutsche WindGuard GmbH (2019): Status des Windenergieausbaus an Land in Deutschland – Jahr 2018. Varel.

DWD – Deutscher Wetterdienst (2018): Klimaatlas Bundesrepublik Deutschland.
www.dwd.de/DE/leistungen/pbfb_verlag_klimaatlas_brd/klimaatlas.html (31.01.18).

Eichenauer, E. (2018): Energiekonflikte – Proteste gegen Windkraftanlagen als Spiegel demokratischer Defizite. In: Kersting, N.; Radtke, J. (Hrsg.): Energiewende. Politikwissenschaftliche Perspektiven. Wiesbaden, 315-341.

Europäische Kommission (2005): Grünbuch zur Innovation. Brüssel.

Europäische Kommission (2018a): CO2-arme Wirtschaft bis 2050.
https://ec.europa.eu/clima/policies/strategies/2050.de (17.08.2018).

Europäische Kommission (2018b): Rahmen für die Klima- und Energiepolitik bis 2030. Brüssel.

Europäisches Parlament (2018): Neue ehrgeizige Ziele für Energieeffizienz und erneuerbare Energien. Pressemitteilung vom 13.11.2018.
http://www.europarl.europa.eu/news/de/press-room/20181106IPR18315/neue-ehrgeizige-ziele-fur-energieeffizienz-und-erneuerbare-energien (19.12.2018).

Fagerberg, J.; Verspagen, B. (2009): Innovation studies – The emerging structure of a new scientific field. Research Policy 38, 218-233.

FA Wind – Fachagentur Windenergie an Land (2018a): 20 Jahre Erfahrungen mit der privilegierten Zulässigkeit von Windenergieanlagen im Außenbereich. Berlin.

FA Wind – Fachagentur Windenergie an Land (2018b): Umfrage zur Akzeptanz der Windenergie an Land – Herbst 2018. Berlin.

FA Wind – Fachagentur Windenergie an Land (2018c): Zusammenstellung der Ergebnisse durch die Fachagentur Windenergie an Land (FAW): „AEE-Akzeptanzumfragen 2011 bis 2017." https://www.fachagentur-windenergie.de/themen/akzeptanz/umfragesynopsen/akzeptanzumfragen-der-aee.html (18.01.2018).

FA Wind – Fachagentur Windenergie an Land (2019): Hemmnisse beim Ausbau der Windenergie in Deutschland. Ergebnisse einer Branchenumfrage zu Klagen gegen Windenergieanlagen sowie zu Genehmigungshemmnissen durch Drehfunkfeuer und militärische Belange der Luftraumnutzung. https://www.fachagentur-windenergie.de/fileadmin/files/Veroeffentlichungen/Analysen/FA_Wind_Branchenumfrage_beklagte_WEA_Hemmnisse_DVOR_und_Militaer_07-2019.pdf (18.11.2019)

Gailing, L. (2014). Kulturlandschaftspolitik: Die gesellschaftliche Konstituierung von Kulturlandschaft durch Institutionen und Governance. Detmold.

Gailing, L.; Naumann, M. (2018): Using focus groups to study energy transitions: Researching or producing new social realities? In: Energy Research & Social Science 45, 355-362.

Gailing, L.; Röhring, A. (2015): Was ist dezentral an der Energiewende? Infrastrukturen erneuerbarer Energien als Herausforderungen und Chancen für ländliche Räume. In: Raumforschung und Raumordnung, 73 (1), 31-43.

Gellner, T. (2018): Altmaier will Ausbau der Stromtrassen beschleunigen. In: Märkische Allgemeine Zeitung, 15.08.2018.

Gillwald, K. (2000): Konzepte sozialer Innovation. Berlin. = WZB Discussion Paper P 00-519.

GL – Gemeinsame Landesplanungsabteilung Berlin-Brandenburg (2009): Raumordnungsbericht 2008 – Hauptstadtregion Berlin-Brandenburg. Berlin/Potsdam.

GL – Gemeinsame Landesplanungsabteilung Berlin-Brandenburg (2012a): Raumordnungsverfahren im gemeinsamen Planungsraum Berlin-Brandenburg. Berlin/Potsdam.

GL – Gemeinsame Landesplanungsabteilung Berlin-Brandenburg (2012b): Rückenwind für die Energie – Zehn Fragen/Antworten zur Windenergie. Berlin/Potsdam.

Gnest, H. (2008): Entwicklung der überörtlichen Raumplanung in der Bundesrepublik von 1975 bis heute. Hannover. = Arbeitsmaterial der ARL 337.

González, S.; Healey, P. (2005): A Sociological Institutionalist Approach to the Study of Innovation in Governance Capacity. Urban Studies 42 (11), 2055-2069.

Gualini, E. (ed.) (2015): Planning and Conflict: Critical Perspectives on Contentious Urban Developments, London/New York.

Günneweg, D. et al. (2009): Erarbeitung von Grundlagen zur regionalplanerischen Steuerung von Photovoltaik-Freiflächenanlagen am Beispiel der Region Lausitz-Spreewald. Endbericht vom 20.10.2009. Potsdam.

Healey, P. (1996): The Communicative Turn in Planning Theory and its Implications for Spatial Strategy Formation. In: Environment and Planning B: Planning and Design 23 (2), 217-234.

Howaldt J.; Schwarz, M. (2010): „Soziale Innovation" im Fokus. Skizze eines gesellschaftstheoretisch inspirierten Forschungskonzepts. Bielefeld.

Howaldt, J.; Kopp, R.; Schwarz, M. (2014): Zur Theorie sozialer Innovationen. Tardes vernachlässigter Beitrag zur Entwicklung einer soziologischen Innovationstheorie. Weinheim/Basel.

Ibert, O. (2003): Innovationsorientierte Planung. Verfahren und Strategien zur Organisation von Innovation. Opladen.

Ibert, O. (2005): Wie lassen sich Innovationen planen? In: Informationen zur Raumentwicklung (9/10), 599-608.

Ibert, O. (2009): Innovationsorientierte Planung und das Problem des episodischen Lernens. In: Dannenberg, P.; Köhler, H.; Lang, T.; Utz, J.; Zakirova, B.; Zimmermann, T. (Hrsg.): Innovationen im Raum – Raum für Innovationen. Hannover, 18-28.

Ibert, O.; Christmann, G.; Jessen, J.; Walther, U-J. (2015): Innovationen in der räumlichen Planung. In: Informationen zur Raumentwicklung (3), 171-182.

I.L.N. – Institut für Landschaftsökologie und Naturschutz Greifswald (1996): Fachgutachten Windenergienutzung und Naturschutz (Teil 1 des Gutachtens zur Ausweisung von Eignungsräumen für die Windenergienutzung) im Auftrag des Ministeriums für Landwirtschaft und Naturschutz Mecklenburg-Vorpommern. Greifswald.

Jäger, E. (2015): Über 80 Bürgerinitiativen gegen Windkraftanlagen in Brandenburg. IRS Aktuell, Meldungen.
http://www.irs-net.de/aktuelles/meldungen-detail.php?id=304 (13.10.2016).
Köcher, R. (2019): Fremd im eigenen Haus. In: Frankfurter Allgemeine Zeitung, 23.01.2019.
Kropp, C. (2017): Forschung zu sozialen Innovationen am Scheideweg. In: GAIA 26 (4), 309-312.
Lamnek, S. (2005): Gruppendiskussion. Theorie und Praxis. 2. Aufl. Basel/Weinheim.
Land M-V – Landesregierung Mecklenburg-Vorpommern (2015): Energiepolitische Konzeption für Mecklenburg-Vorpommern. Schwerin.
Liamputtong P. (2011): Focus Group Methodology: Principles and Practice. London et al.
Littig, B.; Wallace, C. (1997): Möglichkeiten und Grenzen von Fokus-Gruppendiskussionen für die sozialwissenschaftliche Forschung. Wien.
LR BB – Landesregierung Brandenburg (1998): Energiekonzept der Landesregierung. Antwort auf die Kleine Anfrage Nr. 1596, Landtags-Drucksache 2/5073 vom 10.03.1998. Potsdam.
LR BB – Landesregierung Brandenburg (2000a): Windkraftanlagen im Land Brandenburg (II). Antwort auf die Kleine Anfrage Nr. 595, Landtags-Drucksache 3/1681 vom 12.09.2000. Potsdam.
LR BB – Landesregierung Brandenburg (2000b): Entwicklung der Windenergieerzeugung in Brandenburg. Antwort auf die Kleine Anfrage Nr. 777, Landtags-Drucksache 3/2106 vom 11.12.2000. Potsdam.
LR BB – Landesregierung Brandenburg (2008a): Energiestrategie 2020 des Landes Brandenburg. Umsetzung des Beschlusses des Landtages, DS 4/2893-B, vom 18. Mai 2006. Landtags-Drucksache 4/6292 vom 21.05.2008. Potsdam.
LR BB – Landesregierung Brandenburg (2008b): Maßnahmenkatalog zum Klimaschutz und zur Anpassung an die Folgen des Klimawandels. Landtags-Drucksache 4/6294 vom 21.05.2008. Potsdam.
LR BB – Landesregierung Brandenburg (2009): Windkraftnutzung im Land Brandenburg. Landtags-Drucksache 4/7754 vom 30.06.2009. Potsdam.
LR BB – Landesregierung Brandenburg (2012): Energiestrategie 2030 (gemäß Beschluss des Landtages Brandenburg „Programm für die Fortschreibung der Strategien für Klimaschutz und Energie des Landes Brandenburg“ vom 25.03.2010 – Drucksache 5/652-B). Landtags-Drucksache 5/4864 vom 07.03.2012. Potsdam.
LR BB – Landesregierung BB (2019): Ausbaustand der erneuerbaren Energien in Brandenburg. Antwort auf die Kleine Anfrage Nr. 4747, Landtags-Drucksache 6/11942. Potsdam.
LT BB – Landtag Brandenburg (2008): Solarflächenanalyse Brandenburg. Beschluss vom 10.07.2008. Landtags-Drucksache 4/6449-B. Potsdam.
LT BB – Landtag Brandenburg (2009): Beschluss zur Volksinitiative nach Art. 76 der Landesverfassung „Gegen die Massenbebauung Brandenburgs mit Windenergieanlagen!“ vom 02.07.2009. Landtags-Drucksache 4/7721. Potsdam.
LT BB – Landtag Brandenburg (2015): Beschluss zur „Volksinitiative für größere Mindestabstände von Windrädern sowie keine Windräder im Wald“ vom 25.09.2015. Landtags-Drucksache 6/2593-B. Potsdam.
LT BB – Landtag Brandenburg (2018): Akzeptanz der Windenergie stärken. Beschluss vom 27.06.2018. Landtags-Drucksache 6/8998(ND)-B). Potsdam.
Matern, A. (2017): Smart City-Konzepte als Impuls der Erneuerung städtischer Infrastrukturen? In: Engels, J. I.; Janich, N.; Monstadt, J.; Schott, D. (Hrsg.): Nachhaltige Stadtentwicklung: Infrastrukturen, Akteure, Diskurse. Frankfurt/Main, 150-173.
Mayring, P. (2003): Qualitative Inhaltsanalyse. Grundlagen und Techniken, 8. Aufl. Weinheim, Basel.
MLUL – Ministerium für ländliche Entwicklung, Umwelt und Landwirtschaft (o. J.): Statistik zu Natur- und Landschaftsschutzgebieten in Brandenburg.
https://mlul.brandenburg.de/cms/detail.php/bb1.c.322016.de (20.08.2018).
Moschl, B. (2019): Energiewende: Im Osten wächst Kritik an der Gangart. Lausitzer Rundschau, 18.01.2019.
MIL – Ministerium für Infrastruktur und Landwirtschaft (2010): Sicherung der Verwirklichung von in Aufstellung befindlichen Zielen der Raumordnung zur Steuerung der Windenergienutzung. Gemeinsames Rundschreiben des MIL und des Ministeriums für Umwelt, Gesundheit und Verbraucherschutz des Landes Brandenburg vom 23.04.2010. Amtsblatt für Brandenburg Nr. 19 vom 19.05.2010. Potsdam.
MIR – Ministerium für Infrastruktur und Raumordnung (2009): Hinweise an die Regionalen Planungsgemeinschaften zur Festlegung von Eignungsgebieten „Windenergie“. Gemeinsamer Erlass des MIR und des Ministeriums für Ländliche Entwicklung, Umwelt und Verbraucherschutz des Landes Brandenburg vom 16.06.2009. Amtsblatt für Brandenburg Nr. 25 vom 01.07.2009. Potsdam.
MWE – Ministerium für Wirtschaft und Europaangelegenheiten des Landes Brandenburg (2010): Richtlinie zur Förderung des Einsatzes Erneuerbarer Energien, von Maßnahmen zur Erhöhung der Energieeffizienz und der Versorgungssicherheit im Rahmen der Umsetzung der Energiestrategie des Landes Brandenburg (RENplus) vom 07.07.2010. Potsdam.

MWE – Ministerium für Wirtschaft und Energie des Landes Brandenburg (2012): Energiestrategie 2030. Katalog der Strategischen Maßnahmen. Potsdam.
MWE – Ministerium für Wirtschaft und Energie des Landes Brandenburg (2015): Hauptstadtregion wird zum Schaufenster für intelligente Energie. Pressemitteilung vom 05.12.2015.
https://mwe.brandenburg.de/de/hauptstadtregion-wird-zum-schaufenster-für-intelligente-energie/bb1.c.425940.de (20.08.2018).
MWE – Ministerium für Wirtschaft und Energie des Landes Brandenburg (2018a): Energiestrategie 2030. Katalog der Strategischen Maßnahmen.
https://mwe.brandenburg.de/media/bb1.a.3814.de/ES2030_Massnahmenkatalog_final.pdf (05.07.2018).
MWE – Ministerium für Wirtschaft und Energie des Landes Brandenburg (2018b): Energiestrategie 2030. Potsdam.
https://mwe.brandenburg.de/de/energiestrategie/bb1.c.491859.de (17.06.2018).
MWE – Ministerium für Wirtschaft und Energie des Landes Brandenburg (2018c): Erneuerbare Energien.
http://mwe.brandenburg.de/de/erneuerbare_energien/bb1.c.496872.de# (20.08.2018).
MWE – Ministerium für Wirtschaft und Energie des Landes Brandenburg (2019): Land verstärkt Beratung zu erneuerbaren Energien. Wirtschaftsförderung kooperiert mit Kompetenzzentrum Naturschutz und Energiewende. Pressemitteilung vom 22.02.2019.
https://mwe.brandenburg.de/de/bb1.c.623246.de (26.02.2019).
MWMT – Ministerium für Wirtschaft, Mittelstand und Technologie des Landes Brandenburg (1996): Energiekonzept für das Land Brandenburg. Konzept der Landesregierung. Landtags-Drucksache 2/3137 vom 18.09.1996. Potsdam.
Nagel, P. B.; Schwarz, T.; Köppel, J. (2014): Ausbau der Windenergie – Anforderungen aus der Rechtsprechung und fachliche Vorgaben für die planerische Steuerung. In: Umwelt- und Planungsrecht (UPR) (10), 371-382.
Otto, A.; Leibenath, M. (2013): Windenergielandschaften als Konfliktfeld: Landschaftskonzepte, Argumentationsmuster und Diskurskoalitionen. In: Gailing, L.; Leibenath, M. (Hrsg.): Neue Energielandschaften – Neue Perspektiven der Landschaftsforschung. Wiesbaden, 65-75.
Overwien, P.; Groenewald, U. (2015): Viel Wind um den Wind. Aktuelle Herausforderungen für die Regionalplanung in Brandenburg. In: Informationen zur Raumentwicklung (6), 603-618.
Parker, A.; Tritter, J. (2006): Focus group method and methodology: current practice and recent debate. In: International Journal of Research & Method in Education 29 (1), 23-37.
Prognos AG (2017): Evaluierung und Weiterentwicklung des Leitszenarios sowie Abschätzung der Wertschöpfungs- und Beschäftigungseffekte. Grundlage für die Fortschreibung der Energiestrategie 2030 des Landes Brandenburg. Endbericht. Berlin.
PVRR – Planungsverband Region Rostock (2012): Neue Flächen für die Windenergienutzung – Informationen zum Planungsverfahren. Rostock.
PVRR – Planungsverband Region Rostock (2018): Abwägungsdokumentation zur Fortschreibung des Raumentwicklungsprogrammes Region Rostock vom November 2018. Rostock.
Regionale Planungsgemeinschaft Havelland-Fläming (2020): Abwägungsergebnisse.
http://www.havelland-flaeming.de/abwaegungsergebnisse.html (17.06.2020).
Reimer, M.; Getimis, P.; Blotevogel, H. H. (2014): Spatial Planning Systems and Practices in Europe. A Comparative Perspective. In: Reimer, M.; Getimis, P.; Blotevogel, H. H. (Hrsg.): Spatial Planning Systems and Practices in Europe. A Comparative Perspective on Continuity and Changes. New York, 1-20.
Reusswig, F.; Braun, F.; Heger, I.; Ludewig, T.; Eichenauer, E.; Lass, W. (2016): 'Against the Wind': Local Opposition to the German 'Energiewende'. In: Utilities Policy, 41, 241-227.
Reuter, W. (2004): Planung und Macht – Positionen im theoretischen Diskurs und ein pragmatisches Modell von Planung. In: Altrock, U.; Güntner, S.; Huning, S.; Peters, D. (Hrsg.): Perspektiven der Planungstheorie. Berlin, 57-78.
RPV VP – Regionaler Planungsverband Vorpommern (2015): Regionales Energiekonzept Vorpommern. Greifswald.
RPV WM – Regionaler Planungsverband Westmecklenburg (2014): Regionales Energiekonzept. Schwerin.
Rückert-John, J. (Hrsg.) (2013): Soziale Innovation und Nachhaltigkeit – Perspektiven sozialen Wandels. Wiesbaden.
Schulz, M. (2012): Quick and easy!? Fokusgruppen in der angewandten Sozialwissenschaft. In: Schulz, M.; Mack, B.; Renn, O. (Hrsg.): Fokusgruppen in der empirischen Sozialwissenschaft. Von der Konzeption bis zur Auswertung. Wiesbaden, 9-23.

Selle, K. (1994): Was ist bloß mit der Planung los? Erkundungen auf dem Weg zum kooperativen Handeln. Ein Werkbuch. Dortmund. = Dortmunder Beiträge zur Raumplanung 69.
Shearmur, R. (i. E.): Municipalities and Sustainability: What is Municipal Innovation and Can it Make a Difference? In: Kong, H.; Montforte, T. (Hrsg.): Innovations in Urban Sustainability: Citizens and Participatory Governance. Toronto.
Silk, K. J.; Hurley, A.; Pace, K.; Maloney, E. K.; Lapinski, M. (2014): A Diffusion of Innovations Approach to Understand Stakeholder Perceptions of Renewable Energy Initiatives. In: Science Communication 36 (5), 646-669.
Sørensen, E.; Torfing, J. (2011): Enhancing collaborative innovation in the public sector. Administration & Society 43 (8), 842-868.
Statista GmbH (2016): Größenentwicklung von Onshore-Windenergieanlagen in Deutschland in den Jahren 1990 bis 2015 (in Meter).
https://de.statista.com/statistik/daten/studie/28136/umfrage/kumulierte-rotorflaeche-von-windkraft anlagen-in-deutschland-seit-2007 (15.08.2018).
Statistik M-V – Statistisches Amt Mecklenburg-Vorpommern (2018a): Bodenfläche nach Art der tatsächlichen Nutzung in Mecklenburg-Vorpommern 2016. Schwerin.
Statistik M-V – Statistisches Amt Mecklenburg-Vorpommern (2018b): Bodennutzung und Ernte in Mecklenburg-Vorpommern 2017. Schwerin.
Statistik M-V – Statistisches Amt Mecklenburg-Vorpommern (2018c): Elektrizitäts- und Wärmeerzeugung in Mecklenburg-Vorpommern 2016. Schwerin.
Statistik M-V – Statistisches Amt Mecklenburg-Vorpommern (2018d): Stromabsatz und Erlöse, Gasabsatz und Erlöse in Mecklenburg-Vorpommern 2016. Schwerin.
Stk BB – Staatskanzlei des Landes Brandenburg (2018): Mehr Akzeptanz für Windkraft notwendig – Kabinett beschließt Maßnahmenpaket – Mehr Mitsprache für Kommunen – Bundesratsinitiative geplant. Pressemitteilung vom 04.09.2018. Potsdam.
UBA – Umweltbundesamt (2013): Potenzial der Windenergie an Land. Studie zur Ermittlung des bundesweiten Flächen- und Leistungspotenzials der Windenergienutzung an Land. Dessau-Roßlau.
Ulrich, P.; Lehr, U. (2018): Erneuerbar beschäftigt in den Bundesländern – Bericht zur aktualisierten Abschätzung der Bruttobeschäftigung 2016 in den Bundesländern. = GWS Research Report Series 18-2. Osnabrück.
Universität Rostock, Lehrstuhl für Elektrische Energietechnik (2013): Netzintegration der Erneuerbaren Energien in Mecklenburg-Vorpommern. Gutachten im Auftrag des Ministeriums für Energie, Infrastruktur und Landesentwicklung Mecklenburg-Vorpommern (Kurzfassung). Rostock.
Vigar, G.; Cowie, P.; Healey, P. (2014): Success and Innovation in Planning – Creating Public Value. London. = RTPI Research Report 8.
Voß, J.-P.; Barth, R.; Ebinger, F. (2003): Institutionelle Innovationen: Potenziale für die transdisziplinäre Nachhaltigkeitsforschung. In: Balzer, I.; Wächter, M. (Hrsg.): Sozialökologische Forschung: Ergebnisse der Sondierungsprojekte aus dem BMBF-Förderschwerpunkt. 2. Aufl. München, 69-87.
Welsch, J. (2005): Innovationspolitik. Eine problemorientierte Einführung. Wiesbaden.
Wiechmann, T. (2008): Planung und Adaption. Strategieentwicklung in Regionen, Organisationen und Netzwerken. Dortmund.
Wind-Consult (1997): Fachgutachten Windpotenzial und Flächenanalyse (Teil 2 des Gutachtens zur Ausweisung von Eignungsräumen für die Windenergienutzung) im Auftrag der Ministerien für Wirtschaft sowie Bau, Landesentwicklung und Umwelt Mecklenburg-Vorpommern. Bargeshagen.
WM M-V – Ministerium für Wirtschaft, Arbeit und Tourismus Mecklenburg-Vorpommern (2009): Energieland 2020 – Gesamtstrategie für Mecklenburg-Vorpommern. Schwerin.
WM M-V – Ministerium für Wirtschaft, Arbeit und Tourismus Mecklenburg-Vorpommern (2010): Aktionsplan Klimaschutz Mecklenburg-Vorpommern. Schwerin.
WM M-V – Ministerium für Wirtschaft, Arbeit und Tourismus Mecklenburg-Vorpommern (2011): Landesatlas Erneuerbare Energien. Schwerin.
WM M-V – Ministerium für Wirtschaft, Arbeit und Gesundheit Mecklenburg-Vorpommern (Hrsg.) (2018): Landestourismuskonzeption Mecklenburg-Vorpommern – Entwurf Stand 08.06.2018. Schwerin.
WWF Deutschland (2018): Zukunft Stromsystem II – Regionalisierung der erneuerbaren Stromerzeugung. Berlin.
Zapf, W. (1989): Über soziale Innovationen. In: Soziale Welt 40 (1/2), 170-183.
Zaspel-Heisters, B. (2015): Welcher Raum bleibt für den Ausbau der Windenergie? Analyse des bundesweiten Flächenpotenzials in Deutschland. In: Informationen zur Raumentwicklung (6), 543-569

Autorinnen und Autoren

Dr. Andrea Bues *ist wissenschaftliche Referentin für den Sachverständigenrat für Umweltfragen (SRU) beim Potsdam-Institut für Klimafolgenforschung und hat zum Thema Windkraftkonflikte und -politik promoviert. Sie hat vor allem an den Kapiteln 5.3 und 6 des vorliegenden Forschungsberichts mitgearbeitet.*

Nadin Gaasch *war zwischen 2008 und 2017 Wissenschaftliche Mitarbeiterin am Leibniz-Zentrum für Agrarlandschaftsforschung (ZALF) e. V. in Müncheberg. Im Anschluss arbeitete sie als Referentin für Wissenschaftsmanagement am Potsdam-Institut für Klimafolgenforschung (PIK). Seit Juli 2020 ist sie im Rahmen der Berlin University Alliance c/o als Referentin für Research Foren an der Technischen Universität Berlin beschäftigt. Sie hat an den Kapiteln 3, 5.1 und 5.2 verantwortlich mitgearbeitet.*

Prof. Dr. Ludger Gailing *arbeitete bis Sommer 2020 als kommissarischer Leiter der Forschungsabteilung „Institutionenwandel und regionale Gemeinschaftsgüter" am Leibniz-Institut für Raumbezogene Sozialforschung (IRS) in Erkner. Er ist seitdem als Professor für Regionalplanung an der Brandenburgischen Technischen Universität Cottbus-Senftenberg tätig. Er hat an den Kapiteln 1, 2, 3, 4.5, 5.3 und 6 verantwortlich mitgearbeitet.*

Dr. Jens Hoffmann *arbeitet als Vertretungsprofessor für Landnutzungswandel im Fachbereich Landschaftswissenschaften und Geomatik der Hochschule Neubrandenburg. Er hat am Kapitel 4.4 verantwortlich mitgearbeitet.*

Dr. Henry Lewerentz *arbeitet als Fachbereichsleiter für den Zensus 2021 im Statistischen Amt Mecklenburg-Vorpommern. Zuvor war er im Amt für Raumordnung und Landesplanung Westmecklenburg tätig. Er hat an den Kapiteln 4.3 und 5.2 mitgearbeitet.*

Prof. Dr. Matthias Naumann *hat die Professur für Geographie und Regionalforschung an der Alpen-Adria-Universität Klagenfurt inne. Er hat am Kapitel 2 verantwortlich mitgearbeitet.*

Dr. Petra Overwien *leitet das Referat GL 3 „Angelegenheiten der Regionalplanung" in der Gemeinsamen Landesplanungsabteilung Berlin-Brandenburg. Sie hat an den Kapiteln 4.1, 4.2, 4.4, und 6 verantwortlich mitgearbeitet.*

Matthias Plehn *arbeitet im Amt für Raumordnung und Landesplanung Region Rostock, das zugleich die Funktion der Geschäftsstelle des Regionalen Planungsverbandes innehat, und ist als Regionalplaner dort verantwortlich für die Steuerung der Windenergienutzung. Er hat an den Kapiteln 4.3, 5.2 und 6 verantwortlich mitgearbeitet.*

Robert Riechel *arbeitet als wissenschaftlicher Mitarbeiter im Forschungsbereich Infrastruktur, Wirtschaft und Finanzen am Deutschen Institut für Urbanistik (Difu), Berlin. Er hat insbesondere am Kapitel 5.1 verantwortlich mitgearbeitet.*

KURZFASSUNG / ABSTRACT

Regionale Steuerung der Energiewende in Nordostdeutschland – Innovationen im Planungssystem?
Nordostdeutschland ist einer der räumlichen „Hotspots" der deutschen Energiewende für die Windkraft an Land wie auch für andere Anlagen erneuerbarer Stromproduktion. In Brandenburg und Mecklenburg-Vorpommern wurden dazu in den letzten Jahren vielfältige Erfahrungen gesammelt und Herausforderungen seitens der Regionalplanung gemeistert. Der Forschungsbericht analysiert dieses dynamische Themenfeld aus der Perspektive der Innovationsforschung. Ansätze der Innovationsforschung werden vorgestellt und auf ihre Relevanz für die Analyse des Planungssystems diskutiert, Rahmenbedingungen der regionalen Steuerung der Energiewende in Bund und Ländern werden beschrieben. Diskussionen mit Fokusgruppen untermauern die Betrachtungen empirisch.

Der Forschungsbericht macht sichtbar, welche Beiträge die Regionalplanung zu den Erfolgen insbesondere im Windkraftausbau der letzten Jahre geleistet hat. Wenngleich Akteure der Regionalplanung sich in ihrer traditionellen Selbstbeschreibung nicht unbedingt als innovativ verstehen, sind sie sich aber bewusst, dass sie an tiefgreifenden Veränderungen mitwirken. Die mit dem Titel dieses Forschungsberichtes aufgeworfene Frage nach der Innovationskraft der Regionalplanung kann grundsätzlich positiv beantwortet werden. Denn Innovationsfreude findet sich bei der überörtlichen Raumplanung in der informellen Moderation gesellschaftlicher Aushandlungsprozesse, in der Entwicklung von Zielen und Leitbildern, aber auch in Bezug auf als notwendig erkannte Veränderungen der formellen Regionalplanung. Diese wurden nicht nur von oben nach unten durchgesetzt, sondern auf allen Ebenen des Planungssystems aktiv vorangetrieben. Der herausfordernde Transformationsprozess der Energiewende war nicht nur ein Konflikttreiber, sondern auch ein „Innovationstreiber". Dadurch entstand im Handlungsfeld der Regionalplanung ein Innovationsklima.

Schlüsselwörter
Energiewende – Innovationen – Regionalplanung – Regionalentwicklung – Innovationstheorie

Regional Management of the Energy Transition in Northeast Germany – Innovations in the Planning System?
Northeast Germany is one of the spatial "hotspots" of the German energy transition for onshore wind power as well as for other renewable electricity production facilities. Regional Planning in Brandenburg and Mecklenburg-Western Pomerania gained a wide range of experience in recent years and mastered respective challenges. This report analyses this dynamic topic area from the perspective of innovation research. It presents and discusses approaches of innovation regarding their relevance for the analysis of the planning system; it explains framework conditions of the regional control of the energy transition in the federal and state governments. Discussions with focus groups provided empirical support for the observations.

The report enlightens the contributions of regional planning to the successes of recent years, especially in the expansion of wind power. Although actors in regional planning do not necessarily see themselves as innovative in their traditional self-description, they are aware that they are involved in profound changes. The title of this report evokes the question about the innovative power of regional planning. In general, we can answer this question in a positive way. We detected atmospheres of innovativeness in supra-local spatial planning in terms of informal moderation of social negotiation processes, with regard to the development of goals and guiding principles, but also in the transformation of formal regional planning processes. This necessary transformation did not only follow a top-down approach, but was actively promoted at all levels of the planning system. Hence, the challenging transformation process of the energy transition was not only a conflict driver, but also an "innovation driver". It created a climate of innovation in the field of action of regional planning.

Keywords
Energy transition – innovations – regional planning – regional development – innovation theory